晚清民國時期中國名勝古蹟圖集

龔鵬程敬題

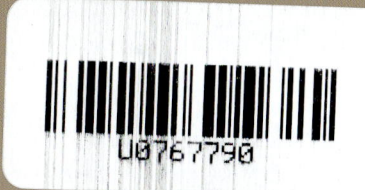

晚清民国时期中国名胜古迹图集

CHINESE HISTORICAL SITES OF THE LATE QING DYNASTY AND THE REPUBLIC OF CHINA

第柒卷

全本精装版

VOLUME 7

CHANGQING COUNTY OF SHANDONG PROVINCE

LICHENG DISTRICT, JINAN CITY OF SHANDONG PROVINCE

QINGZHOU CITY OF SHANDONG PROVINCE

ZICHUAN DISTRICT, ZIBO CITY OF SHANDONG PROVINCE

山东长清 □
山东历城 □
山东青州 □
山东淄川 □

[日] 常盘大定 关野贞 著
刘红 译

中国画报出版社
CHINA PICTORIAL PRESS

图书在版编目（CIP）数据

晚清民国时期中国名胜古迹图集：全本精装版. 第七卷 /（日）常盘大定,（日）关野贞著；刘红译. -- 北京：中国画报出版社, 2019.6（2024.7重印）
ISBN 978-7-5146-1726-9

Ⅰ. ①晚… Ⅱ. ①常… ②关… ③刘… Ⅲ. ①名胜古迹—中国—近现代—图集 Ⅳ. ①K928.70-64

中国版本图书馆CIP数据核字(2019)第049253号

晚清民国时期中国名胜古迹图集（全本精装版） 第七卷

[日] 常盘大定　关野贞　著　　刘红　译

“十三五”国家重点图书出版规划
国家出版基金资助项目

策　　划：于九涛
项目主持：于九涛　齐丽华
本卷主编：张明杰
校　　译：秦　上
责任编辑：李　媛
封面设计：郑建军
责任印制：焦　洋

出版发行：中国画报出版社
地　　址：中国北京市海淀区车公庄西路33号　邮编：100048
发 行 部：010-88417418　010-68414683（传真）
总编室兼传真：010-88417359　版权部：010-88417359

开　　本：16开（889mm×1194mm）
印　　张：17.5
字　　数：100千字
版　　次：2019年6月第1版　2024年7月第3次印刷
印　　刷：三河市金兆印刷装订有限公司
书　　号：ISBN 978-7-5146-1726-9
定　　价：1980.00元（全十二卷）

作者

常盘大定 (1870—1945)

日本宫城县人，研究中国佛教之学者。历任日本真宗中学、天台宗大学、日莲宗大学、真宗大学、丰山大学、东京大学等校教师。1920年以后五次来华，研究敦煌、云冈、龙门诸石窟及房山石经等佛教史迹。主要著作有《印度文明史》、《释迦牟尼传》、《中国佛教史迹》、《中国佛教史迹英文评解》五册（与关野贞合著）、《中国文化史迹》十二册（与关野贞合著）等。

关 野 贞 (1868—1935)

日本近代著名建筑史研究家，生前为东京大学工学部建筑学科教授。不仅在日本建筑史方面造诣很深，而且在中国、朝鲜等国的建筑与美术史研究界也享有盛名。曾多次到中国、朝鲜及印度等国实地考察，撰写了一批影响深远的考察报告和学术论著。主要著作有《日本的建筑与艺术》、《朝鲜的建筑与艺术》、《中国的建筑与艺术》、《中国文化史迹》十二册（与常盘大定合著）等。

译者

刘 红

山东大学外文系日语专业本科毕业，天津外国语大学日本文学硕士，日本上智大学国际关系论硕士并修完博士课程，专攻国际关系史，现任日本武藏野大学外籍教师。发表论文有《抗日战争时期中国知识分子的作用——关于郭沫若》《驻美大使期间的胡适》等，译著有《中国漫游记》等。

目录

CONTENTS

山东历城 六一

Licheng District, Jinan City of Shandong Province

山东淄川

Zichuan District, Zibo City of Shandong Province

山东长清

CHANGQING COUNTY OF SHANDONG PROVINCE

CHANGQING COUNTY OF
SHANDONG PROVINCE

LICHENG DISTRICT, JINAN CITY OF
SHANDONG PROVINCE

QINGZHOU CITY OF SHANDONG PROVINCE

ZICHUAN DISTRICT,
ZIBO CITY OF SHANDONG PROVINCE

灵岩寺

灵岩寺位于山东长清县东九十里处，明孔山山阴、方山脚下，据说为前秦符坚时期竺僧朗说法之地。宋代以来与天台山国清寺、荆州玉泉寺、金陵栖霞寺并称“海内四大名刹”。元魏废佛之后，孝明帝时法定法师重振灵岩寺。后又经历北周废佛，到隋文帝时，得华阳王布施，灵岩寺再次兴旺，直至初唐慧崇法师住持时期为止一直香火旺盛，唐中期在此讲经的顺晓法师曾于越州（古地名，别名山阴、绍兴。今浙江绍兴市）给日本僧人灌顶。宋代又经琼环（重净）法师修葺，灵岩寺的楼阁廊轩变得更加壮丽，名人歌颂它的诗歌举不胜举。明代末年灵岩寺逐渐走向衰落，到了清代又开始渐露生色。

灵岩寺的建筑凛然，可谓山东古寺中唯一的大型寺院。它以重修于明万历年间的千佛殿为中心，前方为宋嘉祐中期琼环法师主建的五花殿，五花殿前面为大雄殿，辟支塔位于千佛殿西面的高地处。除这些主要建筑外，还有钟楼、鼓楼、丈回廊、山门等（图1）。另外离寺庙几里远的地方还有一处和尚林，即历代住持的墓塔林，此处也自有一番壮观之景。其中唐代慧崇法师的墓塔位于一处高丘之上，魏法定塔与宋宣和五年（1123）建海会塔则耸立在墓塔林的中心，再加上环绕在旁的分别建于元、明、清各代的墓塔总共约一百五十座，石碑约三十三块。

灵岩寺后的方山脚下为灵岩寺旧址，甘露泉即在此处。过甘露泉而上至半山腰处即为可公床，为明代达观禅师布道之地。再往上即可到达证明龛，此处石窟之上刻有一佛、两菩萨、两罗汉、两狮子，台座上刻有“唐大中八年（854）乡贡进士牟珰撰修方山证明功德记”字样。作者常盘大定于一九二一年对此地进行了实地调查。

灵岩寺内的石碑也是数量惊人，其中宋嘉祐六年（1061）立“千佛殿记碑”、金明昌七年（1196）立“十方灵岩寺记碑”、明昌六年（1195）立“灵岩寺田园碑”“大元国法师旨碑”“大元泰山剏建龙藏之记碑”等格外引人注目。据“十方灵岩寺记碑”记载，宋熙宁庚戌年（1070）这里为十方丛林，三年后，由于云门宗仰天元公禅师来此居住，灵岩寺始被称为禅寺，后经二十代，至金明昌七年（1196）临济宗广琛禅师任灵岩寺住持，之后元代曹洞宗派大多在此居住，并与嵩山少林寺之间来往密切，灵岩寺第三十九代住持息庵曾任少林第十五代住持。息庵的门下有一日本僧人邵元，追随息庵到少林寺，息庵圆寂之后，邵元受知事之托为息庵撰写了碑文。灵岩寺为息庵建造分骨塔，塔里也放有邵元所撰息庵碑，此撰文收录于《泰山志》第十八卷中。文章的中心部分与碑文一致，但前后部分却不一致。明治四十一年（1908）桑原骘藏于墓林东南隅发现了此碑，并将它公诸于学术界。《灵岩志》《泰山志》《泰山道里记》等书里都有关于灵岩寺的记载。另外《通志》《县志》《府志》里也有关于它的记载，但都不能详尽其历史，其中史料保存最多的还要数《泰山志》了。（常盘大定 文）

图 1 · 灵岩寺

千佛殿

千佛殿即唐宋时期的大雄殿，后来加上前面的献殿，成为一座规模庞大的佛殿。后又经唐代慧崇的移建、宋代重净的扩建，千佛殿的规模不断扩大。嘉祐六年（1061）重净立“千佛殿记碑”，由王逵撰文，如今此碑就立于殿前。关于千佛殿，《泰山道里记》里说“中祀毗卢漆藤，为之配以药师、弥陀，范铜为之，左右小佛千余”。

明嘉靖年间千佛殿得以重修，万历年间及康熙五十三年（1714）又重修两次，由于佛像也重新进行了修饰，所以已经完全失去了唐宋时期的古色。(图 2-2)(常盘大定 文)

虽然经历了唐代慧崇禅师的移建、宋景祐年间重净的扩建、金朝明昌年间广琛的修葺及明清时期的重修，但千佛殿里面的石柱依然为宋代原物，这一点参照一下《灵岩志》及《泰山志》中的碑文即可知晓。(常盘大定 文)

大殿的基石上刻有波纹、山岳纹及宝相花纹、瑞禽纹，层层雕刻，富贵华丽。柱身刻有希腊多利亚风格的竖沟，其手法也是非常罕见。(图 2-1)(关野贞 文)

图 2-1·灵岩寺·千佛殿·石柱

图 2-2 · 灵岩寺 · 千佛殿

辟支塔

辟支塔为八角九层砖砌建筑。下三层为重檐，二层以上各层大小及高度渐减，沿内部阶梯而上即可到达第四层。《泰山道里记》里记载：“塔九级，每级门四窗六，皆砖石为之。唐天宝中建，宋嘉祐间重修，元明相继修之。”（图 3-1）说的就是唐代慧崇禅师创建、宋代重净法师重修之事。早于嘉祐十余年的宋庆历年间，长清尉张公亮撰《清州景德灵岩寺记》（《灵岩志》第三卷载）里记载，按照千佛殿、般舟殿、辟支塔等被称为古刹、古塔这一说法来看，辟支塔创建的时期可追溯到唐代，但现存建筑为宋代重建，底部三层所置三尊佛像皆为宋代以后之物。（关野贞 文）

辟支塔第四层的墙壁上嵌有一块小碑，碑上刻有庆历（1041—1048）的年号，第一层墙面上嵌有三块布施者列名石，其中一石的第七行所刻年号为“嘉祐二年（1057）四月八日”。（图 3-2）

同类塔中像辟支塔这样形状和结构保存如此完好的非常罕见，它不仅关于修建年代的记录保存得非常完整，就连内部的佛像也都保持着最初的位置。另外立于塔外的八面布施者列名石也都完整无缺，石面四周阴刻数层狮兔、唐草纹图案、云状佛像，手工精巧，值得一看。其中左右石柱上的阴刻佛像具有宋代风格。（图 4）

据说，塔内外十二块列名石上所刻男女老幼的名字的数量达三千余个。（常盘大定 文）

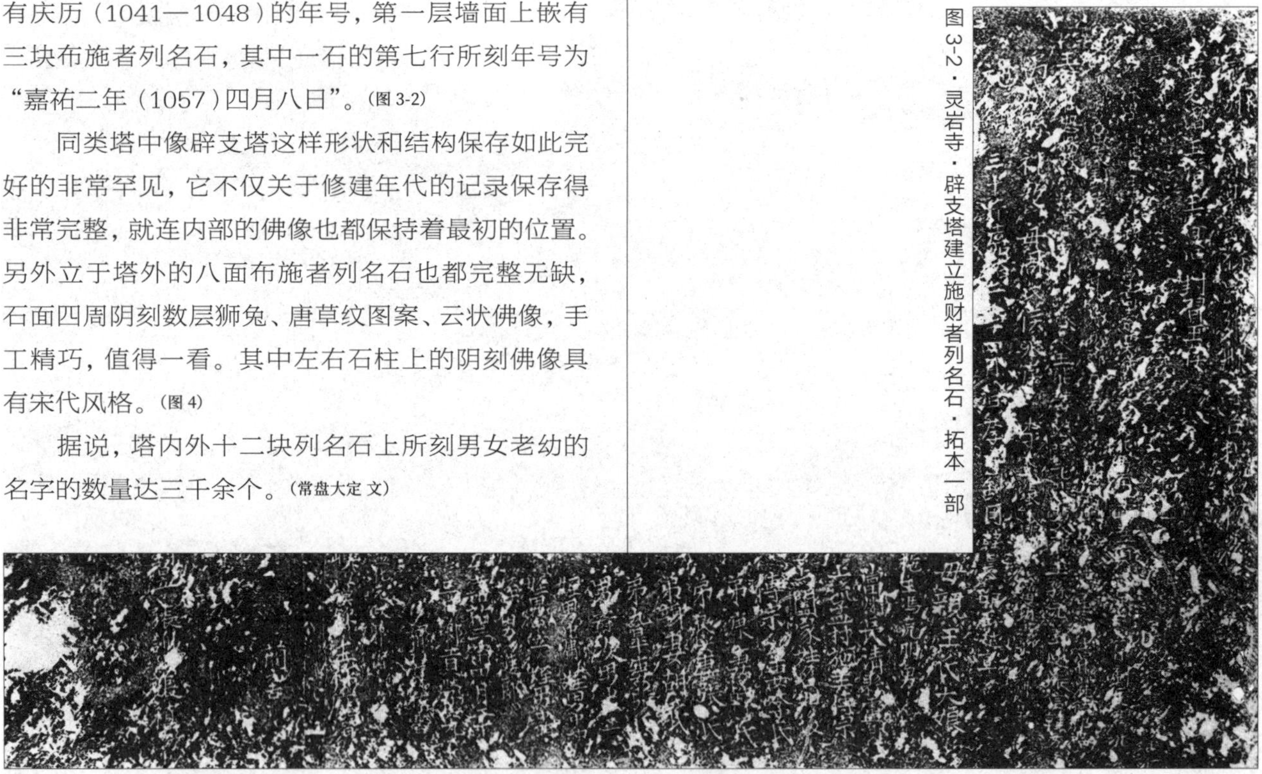

图 3-2・灵岩寺・辟支塔建立施财者列名石・拓本一部

图 3-1 · 灵岩寺 · 辟支塔

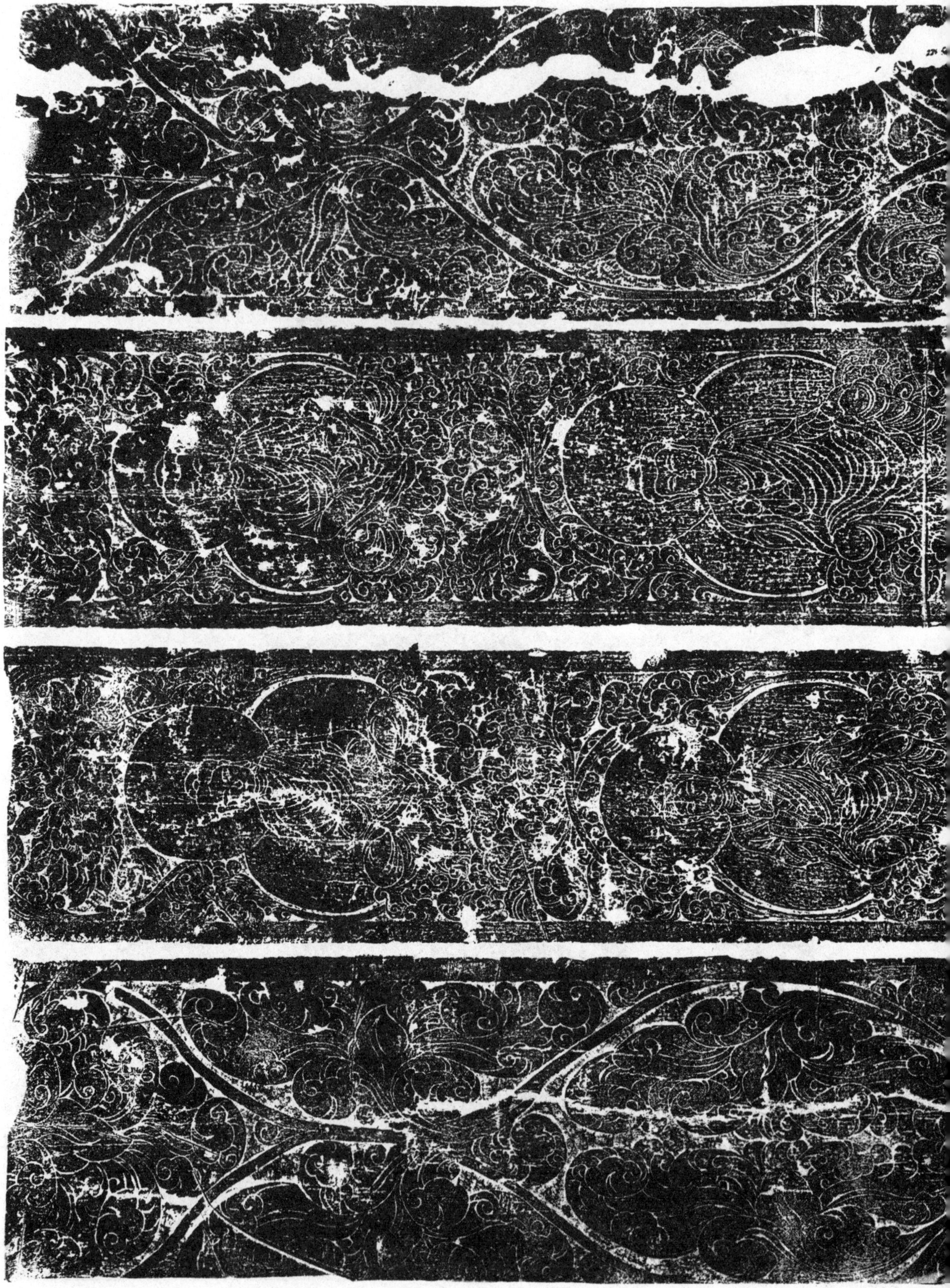

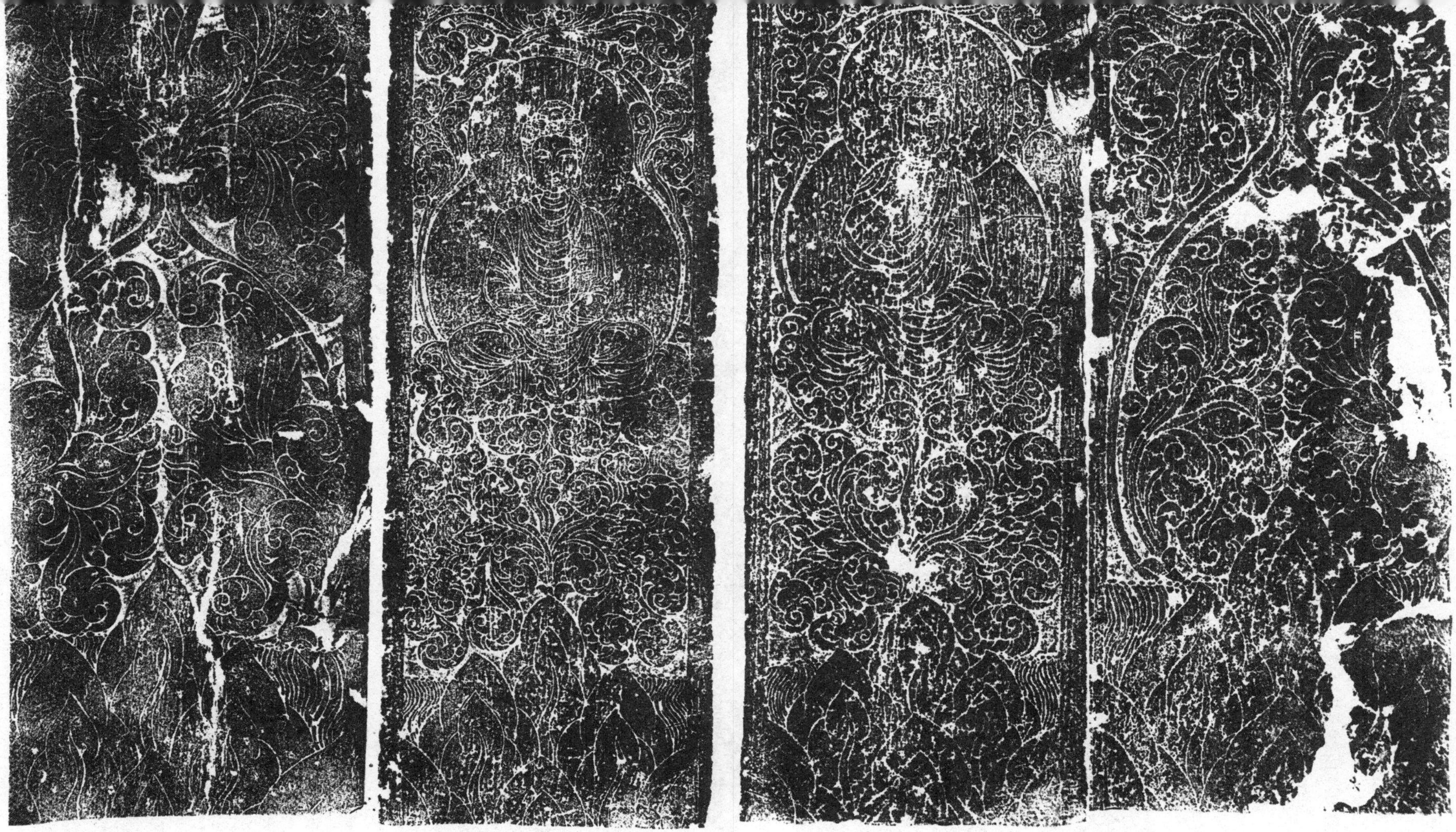

图 4・灵岩寺・辟支塔建立施财者列名石・左右石柱文样・拓本

五花殿石柱

五花殿为宋代琼环长老重净所建。关于建造年代，《寺志》中说创建于嘉祐年间，又说景祐年间重建并命名为“五花殿”。《寺志》中收录的宋张公亮《济州景德灵岩寺记》中说：“景祐中，主僧琼环者，即众堂东，架殿两层。龟首四出，南安观音像。文楣噪栱，颇极精丽。”这个记载是可信的，五花殿应该是景祐（1034—1037）年间创建的，名为“灵岩阁”。明正统年间又加以重修，但现在都已经毁坏了。钟楼边和大雄殿前面横倒着一些石柱，不过石柱上面的雕刻颇具观赏价值。（常盘大定 文）

石柱为八角形，各面刻有宝相花纹、牡丹、唐草、小儿及蛟龙等浅刻浮雕，图案文雅，有一股悠然不迫的情趣。（关野贞 文）

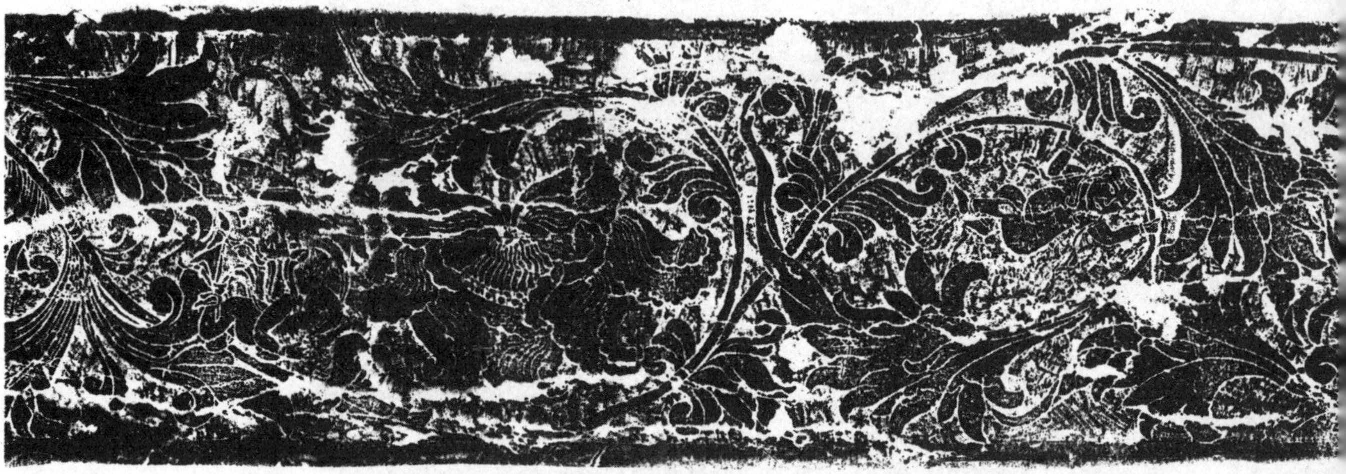

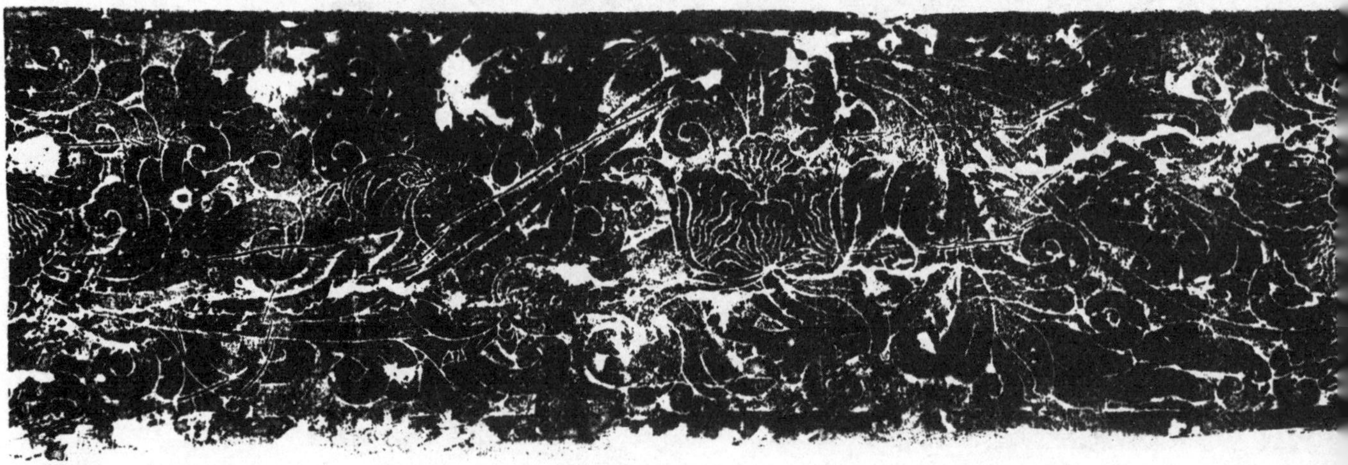

图 5・灵岩寺・五花殿石柱文样・拓本

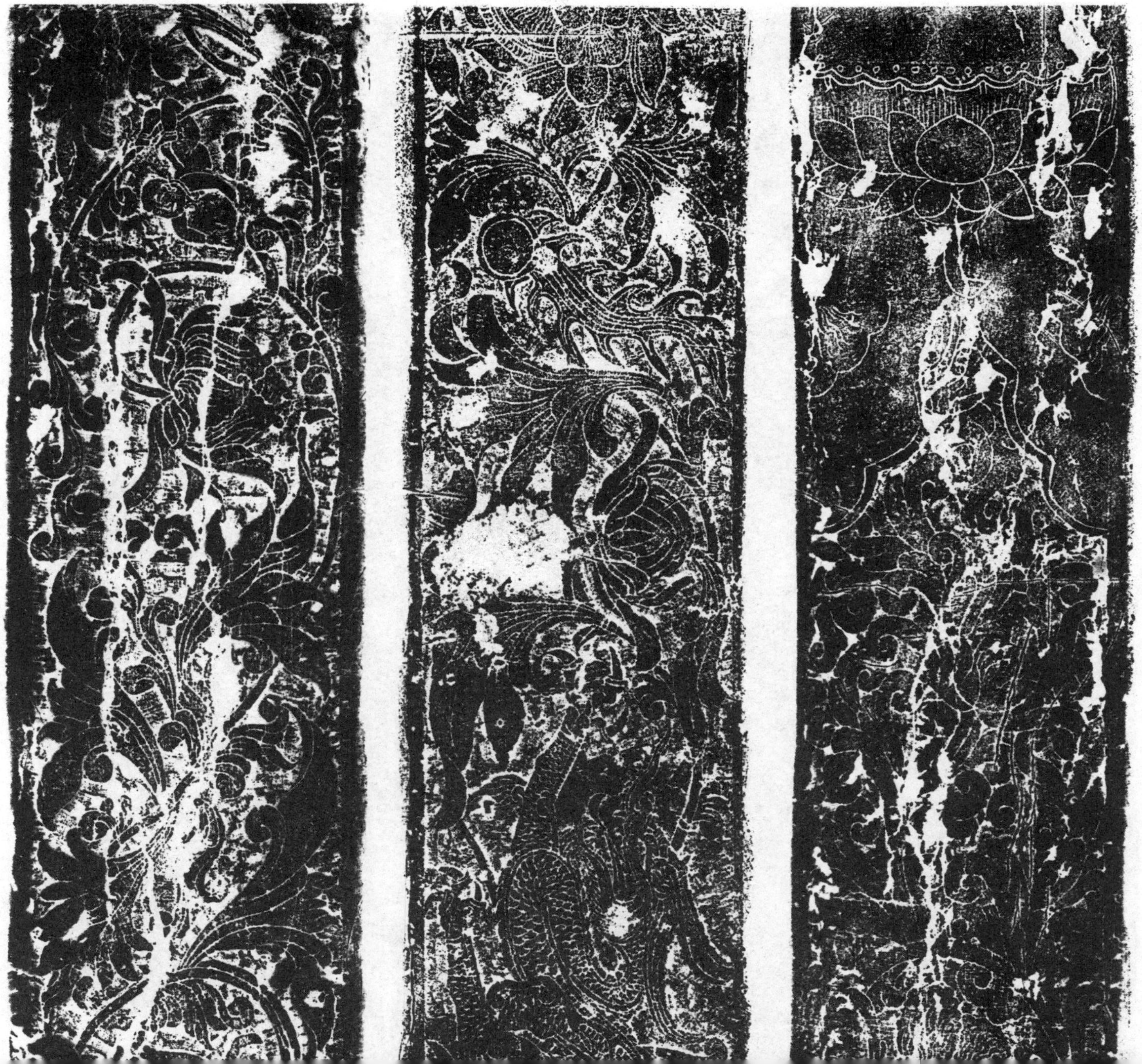

灵岩寺碑

灵岩寺碑立于寺内辟支塔南面的鲁班洞内。《寺志》曰："俗呼为鲁班洞者，郎公墓也。"但这一说法并没有定论。额题"灵岩寺碑颂并序"，天宝元年（742）由李邕撰文并行书。可惜对如此重要的碑铭，《寺志》里却没有记载，《泰山志》第十五卷里有关于上半部的记载，并注明下半部残缺。

下半部已断为两半，右半缺失，左半勉强算是保存了下来。左半行书笔力强健，但缺字实在太多，很难读出内容。仅能读出"晋宋之际，有法定禅师者，景城郡人也""辟之佛牙、灰骨起塔""上座僧玄景"

等字。《泰山志》附记里说碑铭收录于钱唐人黄易〔黄易（1744—1802），浙江钱塘人。著名金石学家，为“西泠八家”之一〕所藏旧本内。也许经过多年岁月，碑铭早已灰飞烟灭，无人知道其所在。（常盘大定 文）

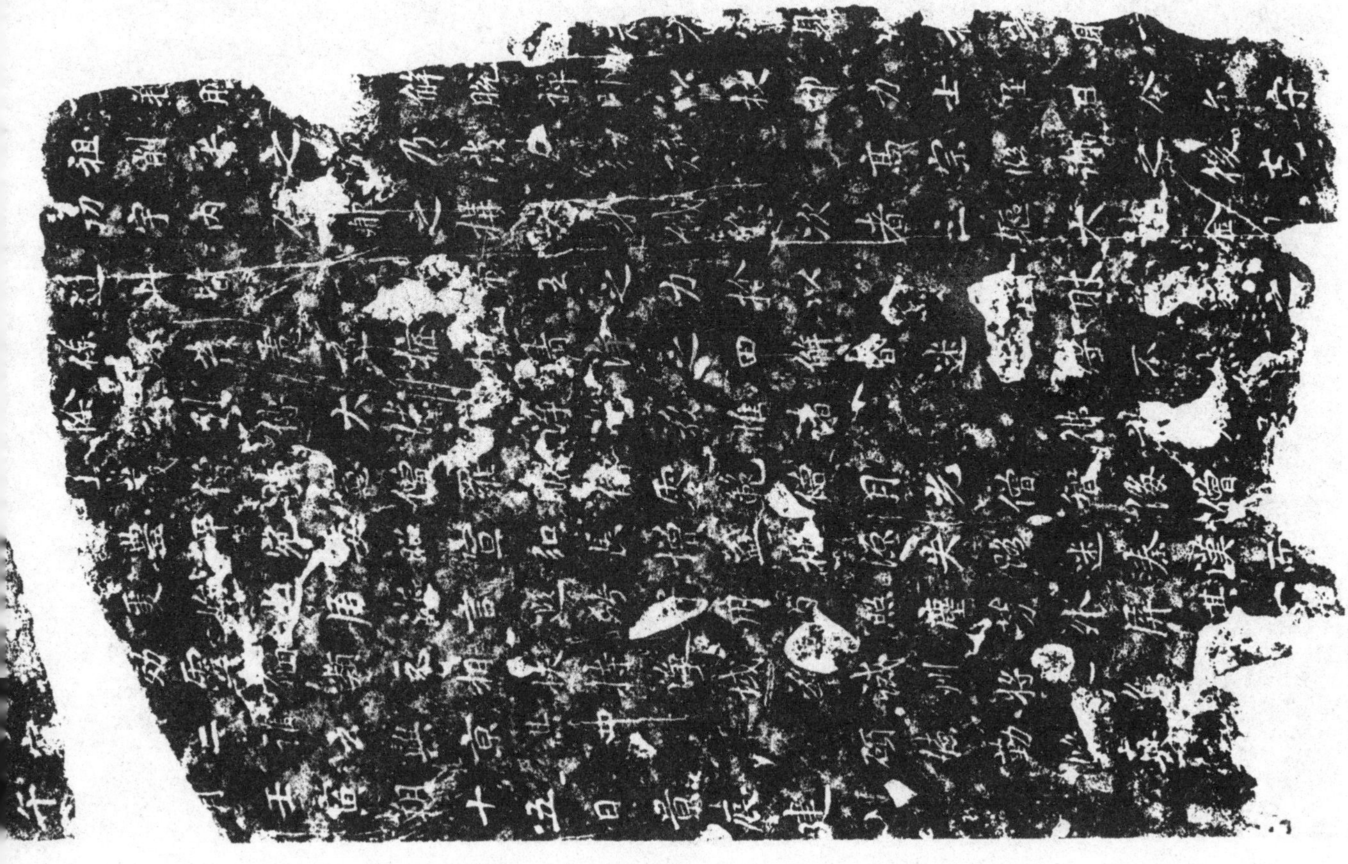

图6-1 · 灵岩寺 · 灵岩寺碑 · 拓本

龙藏之记碑

额题“大元泰山灵岩禅寺刱建龙藏之记”，石碑为至正元年（1341）德慧所立，正奉大夫侍御史张起岩撰文，中奉大夫张宓书。从碑文的内容，我们可以了解到以下事实。

至元二十四年（1287），第三十代住持宝峰顺禅师认为灵岩寺作为名山大刹，应收有用以讲学诵经的藏经，而江浙和福建藏有此类经书板本。宝峰顺禅师因而派提点广前往杭州。此时，普宁寺的大藏经已然完成，于是提点广买下了它，并于至元二十六年（1289）返回灵岩寺，将其置于五花殿内。四十五年后的至元元年（1335），第三十九代住持息庵让禅师欲建外三门，于是搜集物资召集人力。但由于他很快就去了少林寺，继任的四十代住持岩慧禅师中止了建造三门的计划，而是利用所集物资，再加上所

得大量布施，按照旧轮藏殿的规模，从至元二年到六年建成了宏伟的藏经殿，匾额题为“龙藏”，并请张起岩作此文记录下了这一经过。

据《泰山志》第十八卷“灵岩寺提点广公寿碑”记载可知，至元二十六年（1360）普宁寺完成大藏经，提点广于同年买来。另提一句，息庵让是日本人邵元的老师，邵元撰写的息庵碑现保存在少林寺。据《泰山道里记》记载般舟殿西边为辟支塔，再往西就是藏经殿。但现在藏经殿已经没有了。杂草乱石之间，唯有此碑还巍然树立在那里，藏经殿于乾隆十四年（1749）毁于火灾。（常盘大定 文）

图 6-2 · 灵岩寺 · 灵岩禅寺刱建龙藏之记碑 · 拓本

田园记碑

灵岩寺田园记碑为周驰撰文，党怀英篆额，金明昌六年（1195）住持广琛所立。大致内容如下：

灵岩寺号天下四绝之一，比丘恒有二百余众，其衣食之用，出于寺之田园者盖三分之二。其地实为宋景德年间所赐也，逮天圣（1023—1032）初稍为人侵冒，但刻石以记其当时所得顷亩界畔而已。其后绍圣年间(1094—1098)，掌事者稍怠，左右遂伺隙而取之。时长老妙空者，虽诉于有司，其地未之能归也。至废齐时，始徵天圣石记，悉归所侵地。金天德年间，复有指寺之山栏为东北火路地者。

此后争议不断，明昌年间（1190—1196），广琛上奏到了省、部、直到京师，终于收回了失地。为记圣德，也为了防止将来再生是非和保证寺门的安泰，寺庙根据天德年间的判决，立了这块石碑。碑阴刻有“明昌五年”（1194）字样和官府裁定的地界图，图下明确记载着所定地界。此碑对于了解中国寺庙的经济状况，是一份绝好的材料。（常盘大定 文）

图 7-1・灵岩寺・田园记碑阴・拓本

大元国师法旨碑

此碑嵌于千佛殿背后墙壁之间。碑上方刻有梵文，下方为其正文的翻译，无年号，末尾刻“蛇儿年抄写圣旨”，文中说住持为定岩长老。据龙藏碑记载，定岩长老于至元元年（1335）继任第四十代住持，圣旨是寺属田地得到保障的凭证，因此，此碑应与前述田园记碑等同视之。(常盘大定 文)

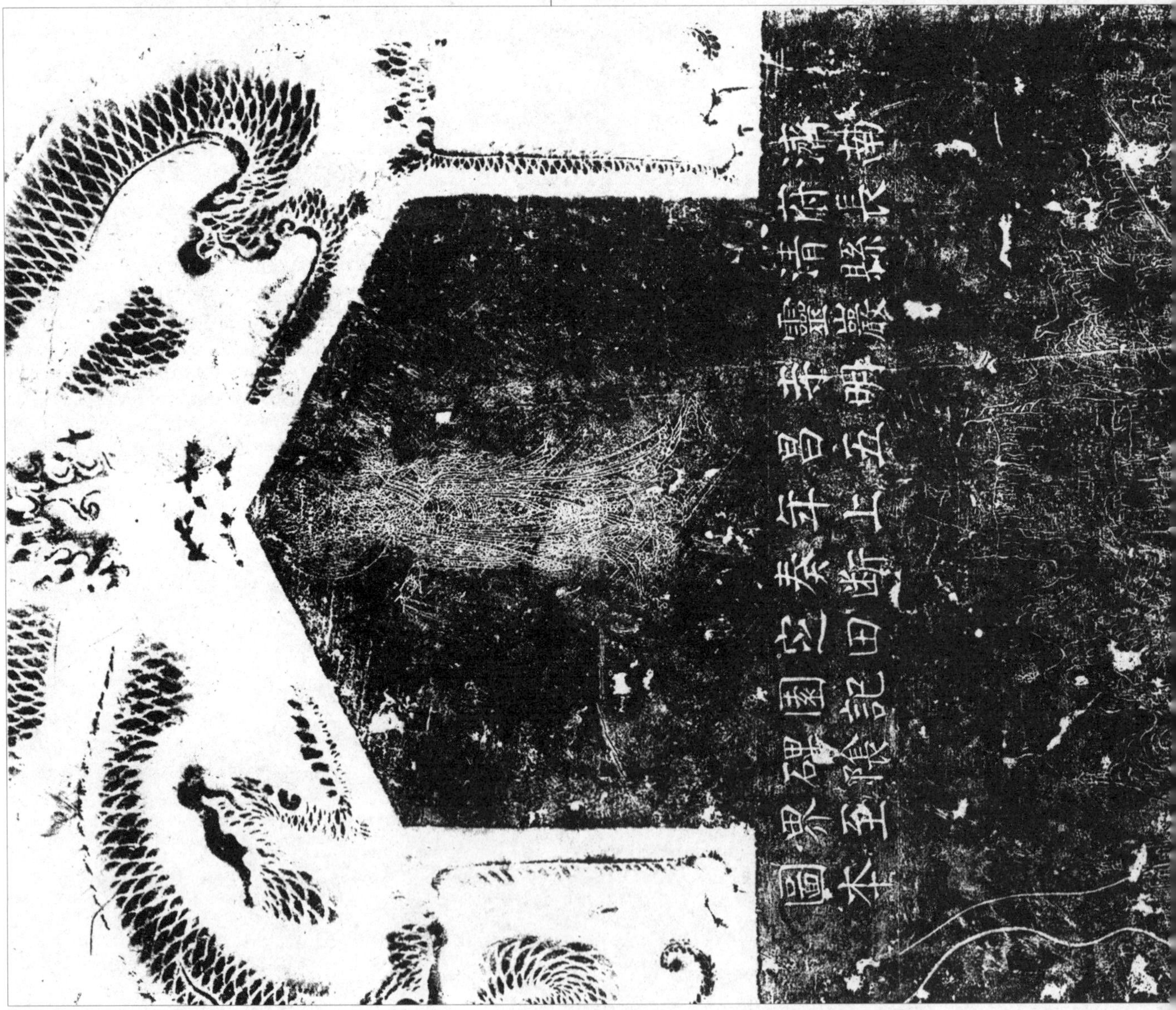

图 7-2 · 灵岩寺 · 大元国师法旨碑 · 拓本

十方灵岩寺碑

额篆“十方灵岩寺记”，翰林学士朝散大夫赐紫金鱼袋党怀英撰，八分隶书及篆书，其背面有刘德渊的诗刻，立于大殿前。内容大致如下：

泰山为诸岳之宗，其峰峦拱揖，溪麓回抱，神秀之气尤钟于西北。而西北之胜莫胜于方山，昔人相传，以为稀有，传如来于此成道，今灵岩是其处也。后魏正光初，有梵僧名法定杖锡而至，经营基构，始建道场。定之至也，盖有青蛇前导，两虎负经，四众惊异，檀施云集，于是空崖绝谷化为宝坊。

历隋至宋，土木丹绘之功日增月葺，庄严为天下之冠，四方礼谒委金帛以祈福者，岁无虑千万人。佛事□兴，而居者益众，分而为院者凡三十有六。趣向既异，遂生分别，主僧永义，律行孤介，以接物应务为劳，力辞寺事。时开封僧行详方以圆觉密理讲示后学，众共推举，可以住持，乃更命详实来代义，仍改甲乙以居十方之众，实熙宁庚戌岁也。

越三年癸丑，仰天玄公禅师以云门之宗始来唱道，自是禅学兴行，丛林改观，是为灵岩初祖。尔后法席或虚，则请名德以主之，而不传□宗，暨今琛公禅师二十代矣，其传则临济裔也。师至之日，属山门魔起，规夺寺田，四垣之外皆为魔境，大众不安其

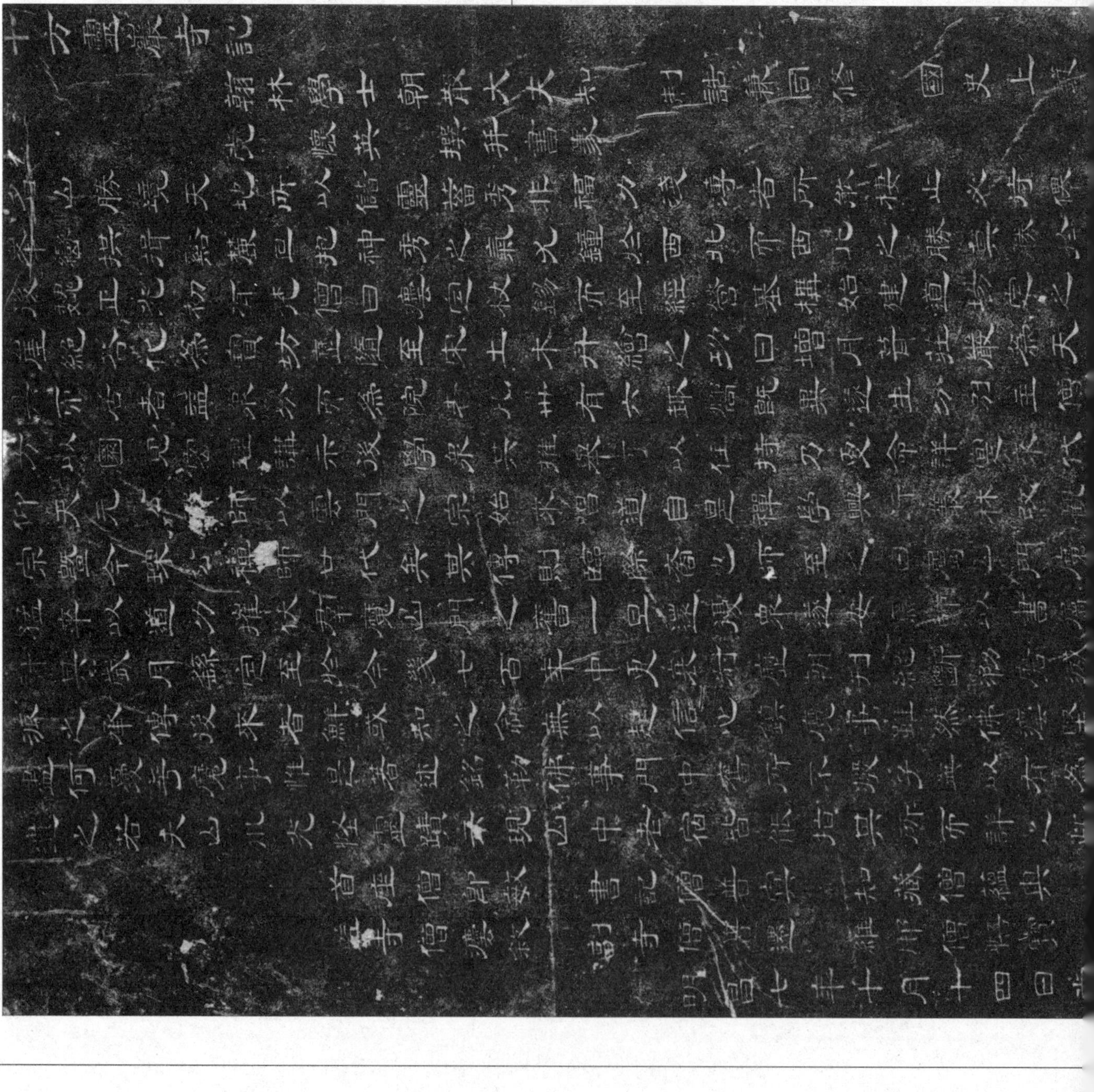

居。师为道力猛，卒以道力摧伏群魔，山门之旧一旦还复，众遂安焉。师以书属怀英。（下略）

明昌七年秋九月十有九日记

明昌七年十月十四日当山住持传法嗣祖沙门广琛立石

以上为碑铭大意，碑阴刻有“丙辰冬至日蓬山刘德渊识”的字样，其诗如下：

游灵岩留题

天下三岩自古传，灵岩的是梵王天。

群峰环寺连丛柏，双鹤盘空涌二泉。

此日登临惊绝境，当年经构仰良缘。

停云为忆寥休子，好伴真游社白莲。

其下刻有：

冠氏帅赵侯，济河帅刘侯，率将佐来游，好问与焉。丙申三月二十五日题。

此碑铭收录在《泰山志》第十七卷中，注解里说元好问的手书苍劲飘逸，不失古法，丙申指元太宗七年，金灭亡后三年。关于赵侯，据《遗山集》中〈冠氏赵侯先茔碑〉记载，冠帅赵侯，赐字受之，东平左副元帅。遗山曾为冠氏的客人，因感铭灵岩寺的历史，所以陪赵侯至此游览。

图8・灵岩寺・十方灵岩寺记碑・拓本

息庵禅师道行碑

此碑立于至正元年（1341）十一月，碑题“灵岩禅寺第三十九代息庵让公禅师道行之碑”“日本国山阴道但舟正法禅寺住持沙门邵元撰并书”。少林寺里也有一块邵元书碑，碑文大致相同，不同之处约有三分之一。由于息庵也是灵岩寺的住持，所以灵岩寺将少林寺的碑文大意也刻制成碑，立于灵岩寺。碑文大致如下：

大万松国师下，有□□□总统三世，而继其灯任者，息庵也。师真定人，讳义让，姓李氏。生而聪颖，志气不群。丱岁礼本府华岩寺相阇梨为师，薙落受戒，听习华岩，而深造毘卢□海。厥后遂周游燕、赵之间，遍参宗匠，末后往风龙山扣古岩宗师。未及老师应灵岩之举，师乃侍往。皇庆中，古岩却少林之请，师又遂之巾侍数载。晨昏参请，机缘相契，乃密付衣。复游南阳，领纪纲于香岩，司记室于香山，又归嵩阳首象于法王。

至治年间，开堂于洛之天庆，次迁之灵岩。凡所住之处，皆革故鼎新，百废俱兴。至元丙子秋，适嵩之少林寺虚席，本山知县赍疏迓请匡。学徒云臻，师传道扬化之余，以庄严之心治寺，祖刹为之改观。加之寺内廊庑、仓库并庄园、水磨，悉皆修整，仓廪之蓄十倍于常。庚辰之夏构疾，弥留乃命门人曰：“斯疾不可起也，□往必矣，急须营塔。”至五月十二日窣堵波毕功。其日，师召知事门人等付于于后事，遂索笔书偈讫，右胁而游曰：“来时本静，去亦圆周，虚作舞任，意乃优游。”至十四日阇维，门人分灵骨重塔于灵岩，世寿（为僧尼的实际年寿）五十七，僧腊（释义为僧尼受戒后的年岁）三十六。门弟子百有余人，嗣法者一十三人。□□七月，参学小师胜安，携师行实，不远千里，来乞文于我。（下略）至正元年仲冬之新复日小师觉宗等立石。

《泰山志》第十八卷收录了上述碑文，同时后面附有注解，大致内容说，碑连额高六尺，宽二尺四寸。额篆“息庵禅师道行碑记”，文二十六行，行四十九字，行书，日本僧印（应为邵）元撰书，中奉大夫圆照普门光显大禅师益吉祥撰额。中奉大夫为文阶官，官阶二品，记录僧职官阶的，仅见此碑。日本宋

息庵禅师道行碑

时多次派僧侣前来朝贡，中国在至元年间元世祖也曾派遣使者携国书前往日本，暗示其应前来朝拜，但日本无任何反应，于是元出兵征战，却大败而归。元成宗大德三年（1299），又派僧人宁一山及妙慈洪济法师随商船再次前往日本，然而却未能到达日本国土。关于此事，史传就记到这里结束了。也就是说，从史传上看，直到元朝结束为止，也就是说自大德三年（1299）到至正元年（1341）之间长达四十三年的时间里，日本僧人始终没有到访过中国。这个印（邵）僧或许因为仰慕中华佛教的昌盛，私自随船来到中国，所以他不是因为接受了朝廷的使命而来的。但是

息庵禅师墓塔

由于居住于中土寺庙，他的事情自然会传到朝廷那里，可是史书里为什么没有记载这件事呢？大概这不是关系到国典的大事，所以当时没有记载下来，此事也就未被后人载入史册。印（邵）元曾经居住过的山阴道但州正法禅寺来自然而然地与日本的古刹有关，但却不知道他究竟住过中国的哪个寺庙。碑文中没有提到他自己的住处，只是说到参学小师胜安，不远千里，前来乞文。他的住处大概不会出燕京各地。外国人非中土之人，本来不必讲究文字的工拙，但邵元的字大致和中土相同，书法流畅很有章法。文末“仲冬之新复日”即指冬至。

《泰山志》里错把邵元写成了印元，《日本高僧传里》说，元代除了邵元以外，还有一个叫印元的人，也是坐船来到中国，遍游大陆南北，跋涉于中国各地，和邵元有着同样的经历。但是撰文之人究竟是邵元还是印元呢？嵩山少林寺里也有一块“息庵禅师碑”，而上面明确写着邵元。

另外《泰山志》的作者在碑文后加的注解还有几处值得注意：一、中奉大夫为僧官。二、元世宗时出兵日本，大败而归，即著名的蒙古来袭，大战起因于元朝暗示日本前来朝贡，日本毫无反应，元朝因此出兵讨伐，却大败而归，由此可知此事当时是广为人知的。三、宁一山出访日本是受了成宗之命。有人说宁一山的出访有侦探的意思，但是，从此碑文上可以清楚地看出他是接受了元朝的使命。四、中国的史传里自大德三年（1299）到至正元年（1341）为止的四十三年间，没有日本人来过的记载，《泰山志》把邵元看作非常少见的事例，可日本却有很多这样的记载，这反映了元代以后文化精神的变化。五、关于邵元在中国的住处注解里说不为人知，但是，看一下《日本高僧传》就可以知道他住在嵩山的二祖庵。这说明中国学者受中国传统思想的影响，未曾与日本的有关记录相联系。六、关于邵元游历过的地方，注解里也说不外乎大都燕京，但是看一下《邵元传》就可以知道他的足迹也涉及到了中国南部和中部。七、说外国人不必讲究文字的工拙，这是典型的中华思想的写照。中华思想本来诞生于灿烂多彩的隋唐文化，但是元代以后，它却成为国民精神不断发展的桎梏，当中国国民依然沉浸在中华思想的传统模式里不能自拔的时候，日本却在节节革新，走向进步。

要振兴今日的中国，就需要重新认识一下日中友好的隋唐宋时代。那时人们深信“万物一体”这一根本理念，到了元代这个理念却被破坏了。在这篇《泰山志》的短短的注解里，我们可以了解到元代究竟哪些东西遭到了破坏。（常盘大定 文）

图 9-1・灵岩寺・息庵禅师道行碑・拓本

肃公禅师道行碑

此碑由大都报恩禅寺传法住持嗣祖林泉老衲从伦撰文并行书，丹篆（即用朱砂撰写的篆文）题额“肃公禅师道行之碑”。由于碑文内容在阐明曹洞宗的史实上具有非常重要的作用，故在此介绍。碑文大致如下：

青州法祖渡江以来，至朔方，居万寿，立曹洞一宗，与圣安竹林、晦堂佛日而鼎峙焉，故三派渊源，于今愈盛。青州之下四传，而得万松光英丛林，声传四海，天下指为祖道中兴。复嗣雪庭裕，裕嗣足庵肃。其余龙象，硕大光明，表表可纪。观肃之学业道德，亦四科十哲之一数尔。

公名净肃，号足庵，金台永平张家里孙氏子。祖居满城之西，以陇云耕月而立其家，经四世而生公。其父见异常，童有出尘之格，携归唐县，礼香山明公落发，给侍之余令阅梵文，目击千言，娓娓成诵。后闻云峰亨公，走依座右，日复一日于槌拂之下，发明大事，虽秘传密授，不满初心，深自韬晦，遍参名宿，谒三阳，广仰山，通报恩资，皆蒙许可。后雪庭掌天下僧权而主万寿，才学博赡，道德丰盈，遐迩云臻，慨然辐辏，公亦袖香迳造其室，一见心奇之，针芥之缘，不差毫忽，遂以衣法而并付之。诘旦，卷衣去，依赵好乳峰禅伯禀受外典。未及食新，果造幽微，复参东山微九峰信，信命嗣续东山之道，公掉臂弗受，遁燕之万安，寄傲南窗，闭关却扫，杜绝人迹。当是时，嵩少阙人，就命开法于万寿之堂。越明年，宣授河南府僧尼都提领居九祀，革故鼎新，未尝少息，创建方丈二十四楹，古未之有也。当修营之际，辇土搬石，必先其力，上下悚然，莫不服膺，争先为之。次主灵岩八载，广阁大厦，椽相差脱，人不堪其忧，公为之一新，其余僧舍增新者百有余间，自来修营缔构无出其右。会万寿虚席，命补其处。一到，增修廊庑，翕然称善。

此公居三巨刹，立丛林、宏祖道，兴福之大概也。偶四大违和，退居香山寿圣故刹，寿及耳，顺而归寂焉。阇维（梵语，指人死后火化）后，收灵骨而归塔矣。小师智锦，不远千里求铭于予，予以叔侄之义，不辞鄙陋而为铭曰：

曹溪汹涌几多年，洪波浩渺知无边。
饵云钓月咸争先，龙门一跳胜飞仙。
三居大刹光先贤，行藏取舍通精研。
墨华现瑞非无缘，壶天美景恒非迁。
包容万象摅云笺，雄雄气象摩青天。
遍参名宿机盘旋，纵横妙用钻弥坚。
涅槃心印实堪传，足庵承受忘其年。
根深蒂固荣恩田，枝枝叶叶郁茂祈联绵。

至元三十年岁次癸巳重阳。

小师监寺智锦等立石，
灵岩传法住持嗣祖桂庵觉达同立
锦川匠人夏中兴刊。

灵岩寺是晋朝以来的名刹古寺，所以寺内有很多碑刻。其中除了住持或者比较特殊的人物，除《泰山志》碑刻卷里记载的上述息庵以及足庵二人以外，还有很多碑刻，现列举如下：

一、灵岩寺禅师珣公塔铭［正书 立于灵岩寺西北塔院 宋咸平二年（999）九月］

二、住灵岩净照和尚诫小师碑［行书 立于灵岩寺般舟殿 宋政和元年（1111）七月］

三、灵岩寺妙空禅师塔铭［正书 金皇统二年（1142）］

四、济南府十方灵岩禅寺第九代定光禅师塔铭［正书 李鲁撰，高鲤书 金皇统二年（1142）十月］

五、灵岩寺云公禅师像刻［参见本书金石文字记 金皇统七年（1147））

六、济南府灵岩山省差住持传法第十代云禅师塔铭［正书 正观撰文 金皇统九年（1149）五月］

七、灵岩寺宝公开堂疏［正书 立于千佛殿东壁南向 金皇统九年（1149）八月］

八、灵岩寺宝公禅师塔铭［篆额 正书 金大定十四年（1174）七月］

九、灵岩寺涤公开堂疏［正书 立于般舟殿前 金大定二十三年（1183）九月］

十、灵岩寺才公禅师铭塔（篆额正书 金大定二十七年（1187）十一月］

十一、灵岩寺清安禅师塔铭［篆额正书 元至元十九年（1282）六月］

十二、灵岩寺福公禅师塔铭［正书额 正书 元至元十九年（1282）十月］

十三、灵岩寺新公禅师塔铭［雷复亨撰 耶律希逸撰正书 篆额 元至元二十二年（1285）十二月］

十四、普觉禅师广公提点寿碑［正书并额 元至元三十一年（1294）五月］

十五、灵岩禅寺第三十一代桂庵达公禅师道行之碑［篆额 左志忠撰 正书 元大德五年（1301）三月］

十六、灵岩平山管勾勒迹之铭［本寺书记思圆书 当山前住持觉达撰 正书 立于般舟殿大门内 元大德十年（1306）三月］

十七、十方岩禅寺第三十二代普耀月庵海公禅师道行碑并序［孙荣孚撰 住持桂庵觉达书 丹书并额 元皇庆二年（1313）八月］

十八、灵岩禅寺第三十三代古岩就公禅师道行之碑［住持桂庵觉达撰 正书 丹篆额 元延祐元年（1314）九月］

十九、灵岩寺举公寿塔碑［正书额 正书 元延祐元年（1314）九月］

二十、灵岩寺劝请严公住持疏碑［元至治二年（1322）十月］

二十一、灵岩寺寿公施财修寺记［正书 前半嵌入寺壁仪露后半部 金泰定三年（1295）三月］

二十二、灵岩寺举公提点勤绩施财记［大历二年（767）正月］

二十三、大灵岩禅寺泉公首座勤绩记［司徒佳号 大元至顺二年（1331）六月］

二十四、大灵岩禅寺亨公首座道行勤绩寿塔记［大元至顺二年（1331）七月］

二十五、灵岩寺第三十四代慧公禅师寿碑塔铭［嵩山法主禅寺西堂无庵觉亮 大元至顺二年（1331）十月］

二十六、灵岩寺提点举公塔铭［正书 后至元二年（1336）四月］

二十七、灵岩寺容公禅师塔铭［后至元四年（1338）三月］

二十八、灵岩寺挥公塔记［正书 元后至元四年（1338）五月］

二十九、灵岩寺提点贞公塔铭［行书 元至正元年（1341）十一月］

三十、灵岩寺慧公道行碑［正书 元至正十一年（1351）十月］

三十一、灵岩寺方山休堂联传道行碑［正书 明洪武五年（1372）秋］

先后出现过这么多的禅师，足以证明灵岩寺是一座多么古老且闻名的寺院。正因为是名寺，所以唐宋时期的石碑数量非常多。上面的石碑在《泰山志》“金石篇”里都有记载。如果再加上题名碑，数量就更多了。

一、灵岩寺颂［李邕撰并行书 见金石录 今佚 唐天宝元年（742）］（前述）

二、造舍利函记［正书 见金石文字记 今佚］

三、灵岩功德顶佛座题名［正书 立于功德顶石龛佛座上 唐长庆元年（821）］

四、修方山证明功德记［正书 牟珰、鹿继宗书 立于灵岩山顶 唐大中八年（854）］（后述）

五、僧智璋等功德顶题名［正书 立于灵岩山顶石龛佛座 唐清泰三年（936）］

六、灵岩寺尊胜经幢［正书 立于藏经殿 宋景德四年（1007）］

七、尊胜经幢［正书 立于北塔院 宋天圣三年（1025）］

八、灵岩建辟支塔题名十石［正书 立于塔上墙间 宋嘉祐二年（1057）三月］（前述）

九、齐州灵岩寺千佛殿记［正书 王达撰 神俊书并提额 宋嘉祐六年（1061）七月］

十、张掞题灵岩寺诗［正书 立于般舟殿 宋嘉祐六年（1061）七月］

十一、张掞送灵岩寺主二诗刻［正书 在神庙南壁 宋熙宁二年（1069）三月、三年（1070）九月］

十二、朝贤送详禅师住持灵岩诗刻［正书、行书 立于般舟殿大门外 宋熙宁三年八月］

十三、敕赐十方灵岩寺牒碑［正书 立于天王殿神像后 下截埋于神座中 宋熙宁三年（1069）］

十四、韦骧等石柱题名［行书 立于韦䭾殿 宋熙宁六年（1073）十月］

十五、苏子由题灵岩寺诗并跋［正书 今佚 宋元丰二年（1079）正月］（另述）

十六、盛陶诗刻［正书 立于御书阁 宋元丰三年（1080）十月］（另述）

十七、李公颜金像记［正书 立于御书阁 宋元丰三年（1080）十月］

十八、灵岩道境四大字［飞白书 王临书 立于崇兴桥碑阴 宋元丰三年（1080）］

十九、蔡安持诗刻［行书 立于御书阁 宋元祐七年（1092）十月］

二十、李迪游灵岩诗刻［正书 立于般舟殿大门壁 宋绍圣五年（1098）三月］

二十一、圆通经并楞岩偈刻［蔡卞行书 立于御书阁壁 宋元符二年（1099）十二月］（另述）

二十二、灵岩寺吴拭诗［正书 立于御书阁 宋崇宁五年（1106）］

二十三、郭思游山诗刻［金石文字记 宋大观戊子（1108）］

二十四、灵岩寺崇兴桥记［篆额 郭思撰 行书 立于外桥边 宋大观二年（1108）九月］

图 9-2・灵岩寺・肃公禅师道行碑・拓本

二十五、释仁钦书心经〔篆书 参见本书金石文字记 宋大观三年（1109）〕

二十六、释仁钦五苦之颂〔正书 道岩正书 立于般舟殿 宋大观四年（1110）八月〕

二十七、释仁钦十二时歌〔参见本书金石文字记 宋大观四年（1110）〕

二十八、韩夫人游灵岩题记〔正书 立于般舟殿 宋政和元年（1111）三月〕

二十九、释仁钦十二景诗〔参见本书金石文字记 宋政和元年（1111）〕

三十、灵岩寺劄付〔参见本书金石文字记 宋政和元年（1111）〕

三十一、巢鹤岩题名八首〔立于灵岩山顶 宋政和等年〕

三十二、赵子明谢雨记〔行书 立于般舟殿 宋政和五年（1115）四月〕

三十三、李尧文题名〔行书 立于伽蓝殿 宋政和六年（1116）闰正月〕

三十四、张历灵岩观音道场题记〔正书 立于功德顶西北崖 宋政和七年（1117）正月〕

三十五、崔大昉等观音洞题名〔正书 左读 立于观音洞 宋政和七年（1117）三月〕

三十六、王焕灵岩寺饭僧记〔行书 宋政和八年（1123）六月〕

三十七、朱济道诗刻〔篆书 立于坐落房 宋宣和五年（1123）二月〕

三十八、灵岩寺海会塔〔正书 祖英书 宋宣和五年（1123）七月 后述〕

三十九、灵岩寺五百罗汉记〔张克卞 正书 立于十王殿 宋宣和六年（1124）八月〕

四十、朗公传磨崖〔如晓行书 立于山顶可公床 年代不详〕

四十一、诗刻〔田磌 滕涉 祖无择 孔舜 张鲜于侁 宽亭卞 杜钦况 右石刻大小不一 无年代 参见本书金石文字记 今佚〕

四十二、妙空长老诗赞二首〔行书 立于千佛殿 金皇统三年（1143）〕

四十三、传大士梵相十劝碑〔正书 立于般舟殿 金皇统六年（1146）八月〕

四十四、任瀛诗刻〔行书 立于松风阁 金皇统七年（1147）三月〕

四十五、观音圣迹象并序〔正书 立于观音堂 金皇统七年（1147）七月〕

四十六、面壁象记〔正书 立于般舟殿 金皇统七年（1147）十二月〕

四十七、唐渊诗刻〔正书 金皇统八年（1148）五月〕

四十八、双林坐像记〔正书 立于般舟殿 金皇统□年〕

四十九、山场界至图〔正书 立于般舟殿 金天德三年（1151）十一月〕

五十、张汝为题记〔行书 立于般舟殿 金正隆元年（1156）五月〕

五十一、释迦宗派图〔正书 立于般舟殿 金正隆元年（1156）八月〕

五十二、方丈惠才诗刻〔行书 立于般舟殿大门内西壁 金大定十八年（1178）六月〕

五十三、王珩路伯达二诗刻〔正书 行书 立于御书阁 金明昌五年（1194）二月〕

五十四、田园记〔周驰撰 赵沨正书 党怀英篆额 立于寺二门内 金明昌六年（1195）十月〕（前述）

五十五、十方灵岩寺碑〔党怀英撰 金明昌七年（1196）九月〕

五十六、僧复庵诗刻〔正书 立于后土殿 与中统二年诗同一石 元至元十八年（1281）〕

五十七、灵岩寺下院圣旨碑〔正书 立于后山神宝寺内 元大德十年（1290）四月〕

五十八、山门五庄记〔正书 立于御书阁 元皇庆二年（1313）十二月〕

五十九、执照碑并阴〔正书 立于大殿西 元延祐二年（1315）九月〕

六十、劝请容公住持疏碑〔元至治二年（1322）十月〕

六十一、圣旨碑［金泰定元年（1324）］

六十二、何约张鹏霄诗刻［正书 立于般舟殿 元泰定五年正月］

六十三、塑像题名碑［正书 立于御书阁 致和元年（1328）八月］

六十四、张淑诗刻［正书 立于御书阁 元统元年（1333）癸酉仲冬］

六十五、国师法旨碑（上截梵文 下层正书 立于千佛殿 无年代）（前书）

六十六、初建龙藏殿记并阴［张起岩撰 张蒙古台书 正书 立于藏经殿 元至正元年（1341）二月］（前述）

六十七、灵岩山大灵岩寺四题字［正书额、文书讷正书 立于寺门戏台上 元至正四年（1344）四月］

六十八、唵嘛呢巴弥叫题字［察罕普华书 汉字一行 蒙古字一行 立于大殿西延祐圣旨碑侧 元至正四年（1344）］

六十九、张士明题灵岩寺诗［正书 立于神庙 元至正十五年（1355）正月］

七十、傅亨诗刻［正书 元至正十五年（1355）九月 十六年（1356）三月］

七十一、李杰诗刻（行书 无年代）

七十二、重建五花殿记［王裕撰 李进正书 明正统五年（1440）九月］

七十三、陈豫诗刻［立于御书阁 明天顺四年（1460）三月］

七十四、感应记并阴［□俊撰 周自成正书 明成化十年（1474）正月］

七十五、造像记［李夔远撰并书 行书 明成化十一年（1475）六月］

七十六、袁□灵岩诗刻［郭瑄正书 立于千佛殿前 明成化十二年（1476）］

七十七、孙瑜诗刻［正书 立于御书阁 明成化十三年（1477）七月］

七十八、重修五花殿［记戴义撰并书 立于大殿前 明弘治十一年（1498）九月］

七十九、邵寅诗刻［行书 明弘治十二年（1499）九月］

八十、李逊学诗刻［正书 立于松风阁 明正德四年（1509）五月］

八十一、熊模游灵岩寺记［立于千佛殿 明正德十五年（1520）正月］

八十二、张邦枝诗刻［正书 立于摩顶松台南面 明嘉靖十五年（1536）八月］

八十三、乔瑞刘焘诗刻［行书 立于千佛殿 明嘉靖二十年（1541）六月］

八十四、塑妆祖师像记［王四行正书 立于祖师殿址 明嘉靖三十四年（1555）小阳春］

八十五、王宗沐东游记［正书 立于后土殿 明隆庆五年（1571）八月］

八十六、张元抃诗刻［草书 明万历元年（1573）］

八十七、苏演诗刻［草书二首 正书二首 立于摩顶松台前 明万历十五年（1587）三月］

八十八、刘敕诗刻［正书 立于摩顶松台南 明万历十五年（1587）］

八十九、徐琳□诗刻［周道南行书 立于摩顶松台北面 明万历十八年（1590）正月］

九十、重修千佛殿记［傅光宅撰 潘子云书 立于千佛殿 南向 明万历十八年（1590）十月］

九十一、黄景抱龙台诗刻［草书 立于御书阁 明万历二十七年（1599）］

九十二、汪应蛟诗刻［正书 立于御书阁 明万历三十一年（1603）九月］

九十三、张鹤鸣面壁斋诗刻［行书 立于卓锡泉 明万历三十七年（1609）］

九十四、王安舜诗刻［行书 立于御书阁 明万历四十年（1612）］

九十五、胡一龙和仁钦十二景诗刻［郝大成行书 立于卓锡泉 明崇祯元年（1628）二月］

九十六、郑林诗刻［李承资正书 立于山神庙前 明崇祯六年（1633）］

九十七、沈正宗诗刻［草书 立于摩顶松台南 明崇祯十一年（1638）三月］

盛陶诗刻

关于盛陶诗刻的年代，《泰山志》第十六卷里记载为元丰三年（1080）十月，还说诗刻的四周镶有精美的宝草花图案。

诗刻内容如下：

陶启京师之别忽岁晏怀思，道论何待言悉递中得书知以众请，住灵岩山林之迹一月振发既不为，朝廷勘破又得，贤太守眼目瞭然众徒三百竦动一方甚善，陶一官塞上绝少知识思与吾暗叟元康会，公汉东时道论终日所不可得也时重。

自重　　　　　　　　　　　陶　启上

灵岩长老确公大师

奉寄　灵岩长老大师　东里盛　陶上

适见随州住　谁教复在齐　君看历山北　何似善光西

（确公旧居随州仙城山善光寺）

传法仙城后　流石上国高　游方缘渐契　无亦太仞□

灵岩山下草　今古几回春　不有开堂日　焉知卷席人

元丰三年（1080）十月二十五日　高阳郡齐书

吕如海□　　　　　　　　康永新

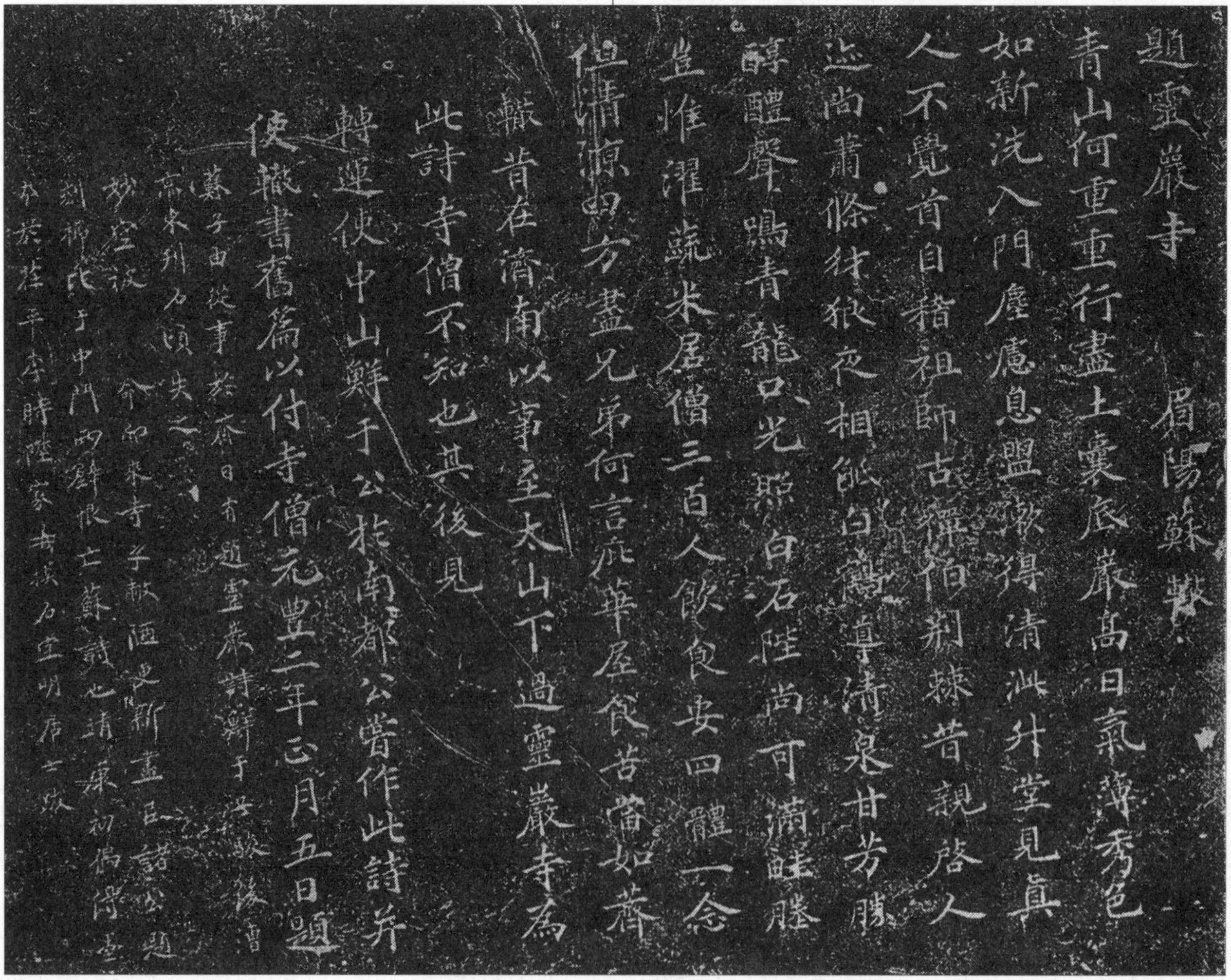

苏子由诗刻拓本

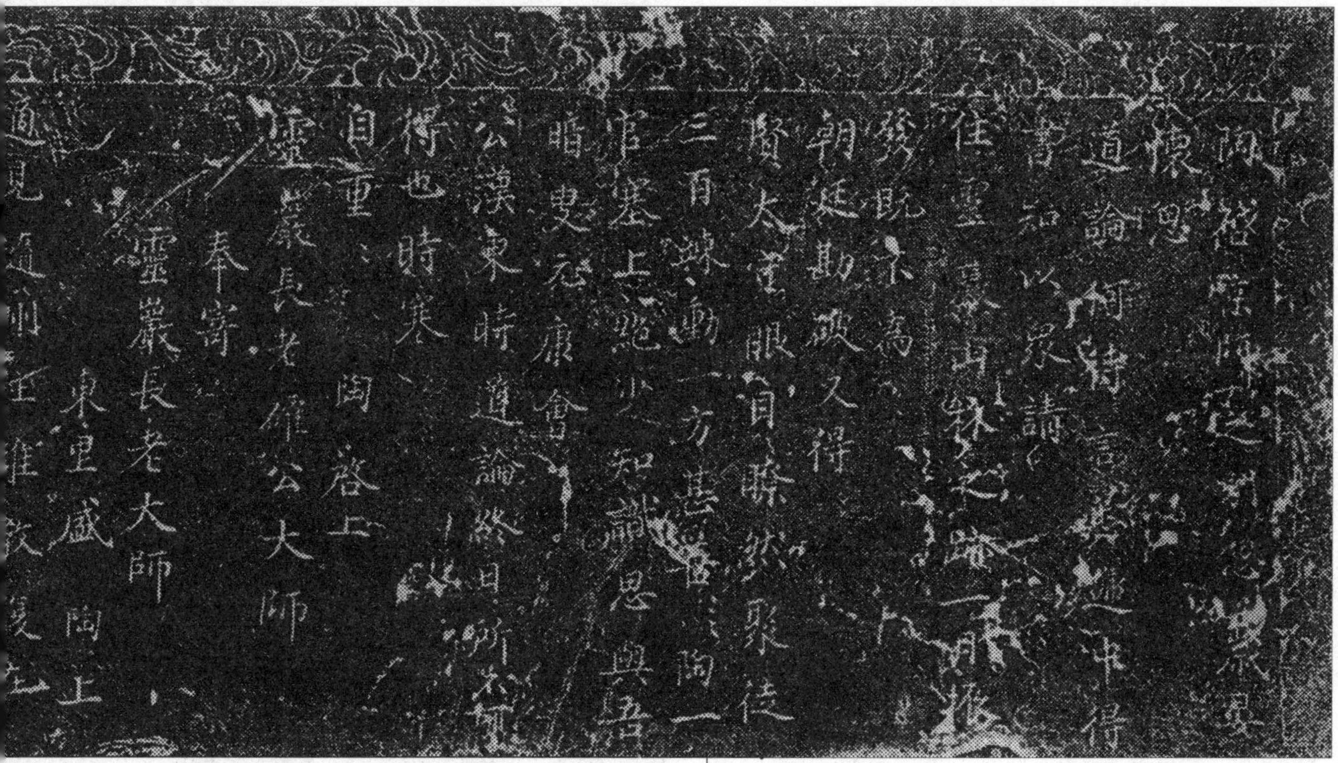

盛陶诗刻拓本

苏子由题灵岩寺诗刻

《泰山志》十六卷里这样记载着："苏子由题灵岩寺诗并跋，正书 立于灵岩 今佚 元丰二年（1079）正月"。再看一下拓本，上面有空明居士的跋，原碑已经下落不明，寺僧秒空靖康初年得到了墨本，根据墨本又重新立了此碑。

题灵岩寺　眉阳苏辙

青山何重重　行尽土囊底　岩高日气薄　秀色如新洗
入门尘虑息　盥漱得清泚　升堂见真人　不觉首自稽
祖师古禅伯　荆棘昔亲启　人际尚萧条　豺狼夜相觝
白鹤导清泉　甘芳胜醇醴　声鸣青龙口　光照白石陛
尚可满畦塍　岂惟濯疏米　居僧三百人　饮食安四体
一念但清凉　四方尽兄弟　何言庇华屋　食苦当如荠

辙昔在济南，以事至太山下，过灵岩寺为此诗，寺僧不知也，其后见转运使中山鲜于公于南都，公尝作此诗，并使辙书旧篇，以付寺僧，元丰二年（1079）正月五日题。

苏子由从事于齐日，有题灵岩诗，鲜于子骏后漕京东刊石，顷失之。妙空被命而来，寺之敝陋更新，尽目睹诸公题刻栉比于中门两壁，恨亡苏诗也，靖康初偶得墨本于茌平李时陛家，再模石，空明居士跋。

苏东坡诗刻

此诗刻大概为后人所做，所以《泰山志》元丰四年（1081）下面没有关于它的记载。但后人应该是得到了苏东坡的真迹，并根据真迹刻制了它。苏东坡的诗琅琅上口，在此把原文记录了下来。

予喜渊名归去来辞 因集字为诗六首

命驾欲何向 欣欣春木荣 世人无往复 乡老自将迎
云内流泉远 风前飞鸟轻 相携就衡宇 酌酒话交情
涉世恨形役 告休成老夫 良欣就归路 不负向迷途
去去径犹菊 行行田欲芜 情亲有还往 清酒引觞壶
与世不相入 膝琴聊尽欢 风光归笑傲 云雾寄游观
言语审无倦 心怀良独安 东皋清有趣 植杖日盘桓
云岫不知远 巾车行复前 仆夫寻老木 童子引清泉
矫首独傲世 委心怀乐天 农夫告春事 扶老向良田
世事非吾事 驾言乡路寻 向时迷有命 今日悟无心
亭内归菊酒 窗前风入琴 寓形知已老 犹未倦登临
富贵良非愿 乡关归去休 携琴已寻壑 载酒复经丘
翳翳景将入 涓涓泉欲流 老农人未乐 我独与之游
元丰四年（1081）九月二十二日 眉山轼书

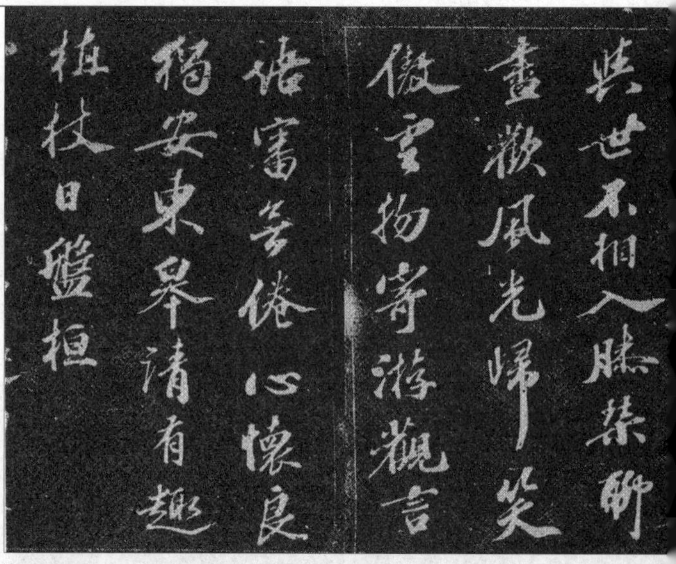

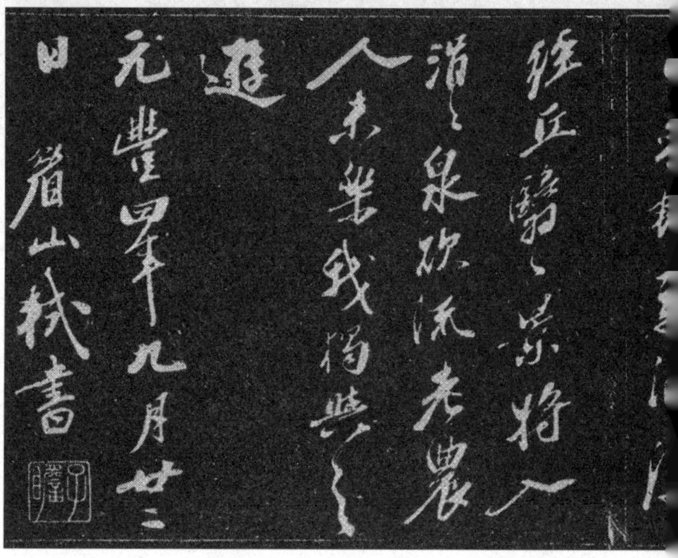

蔡卞偈刻

据《泰山志》第十七卷记载：“圆通经并楞严偈刻 蔡卞书 行书 立于灵岩御书阁 元符二年（1099）十二月”。

内容如下：觉海性成（此处应为“觉海性澄圆”，作者误记为“成”） 云云 不详述（作者注：此为《楞严经》第六卷中的觉海性澄圆始作五

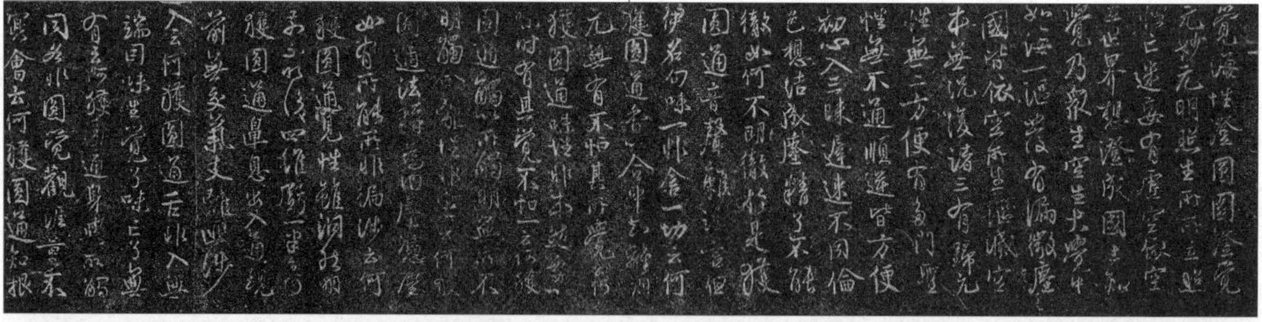

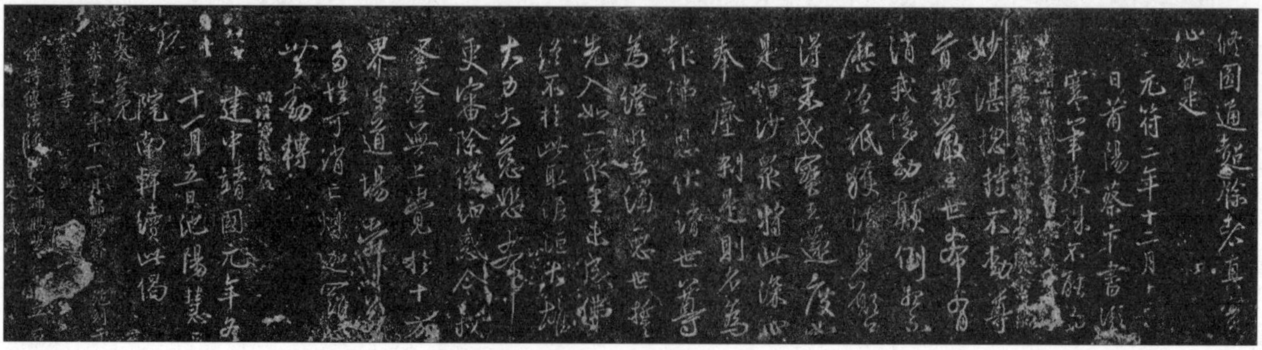

蔡卞偈刻拓本

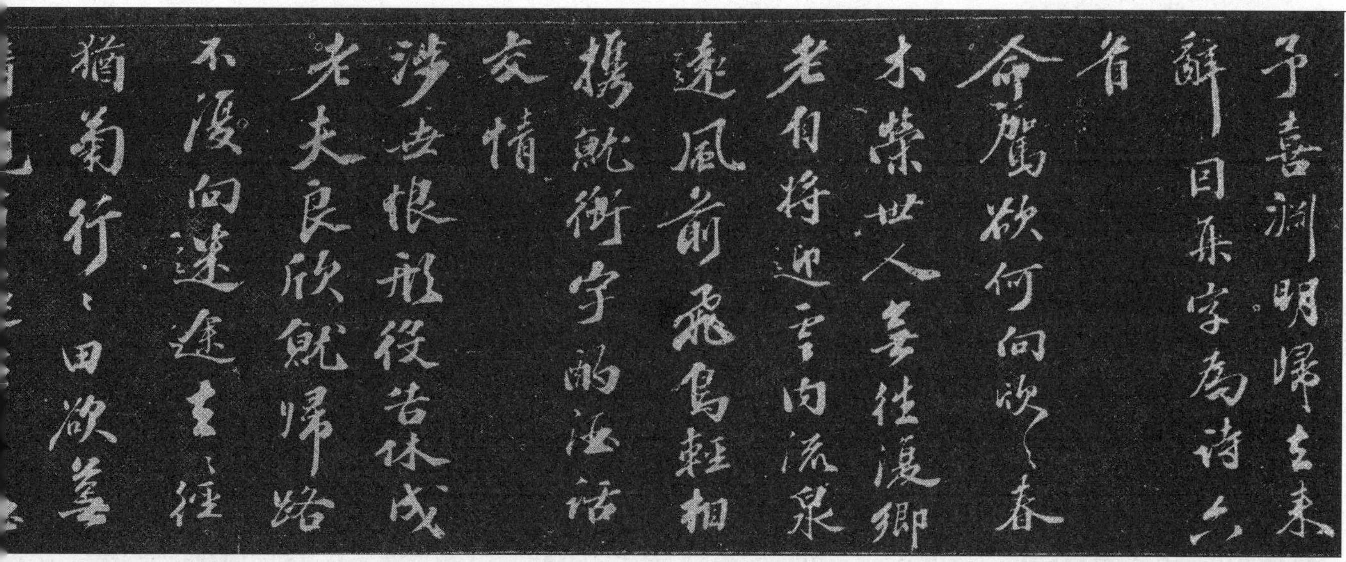

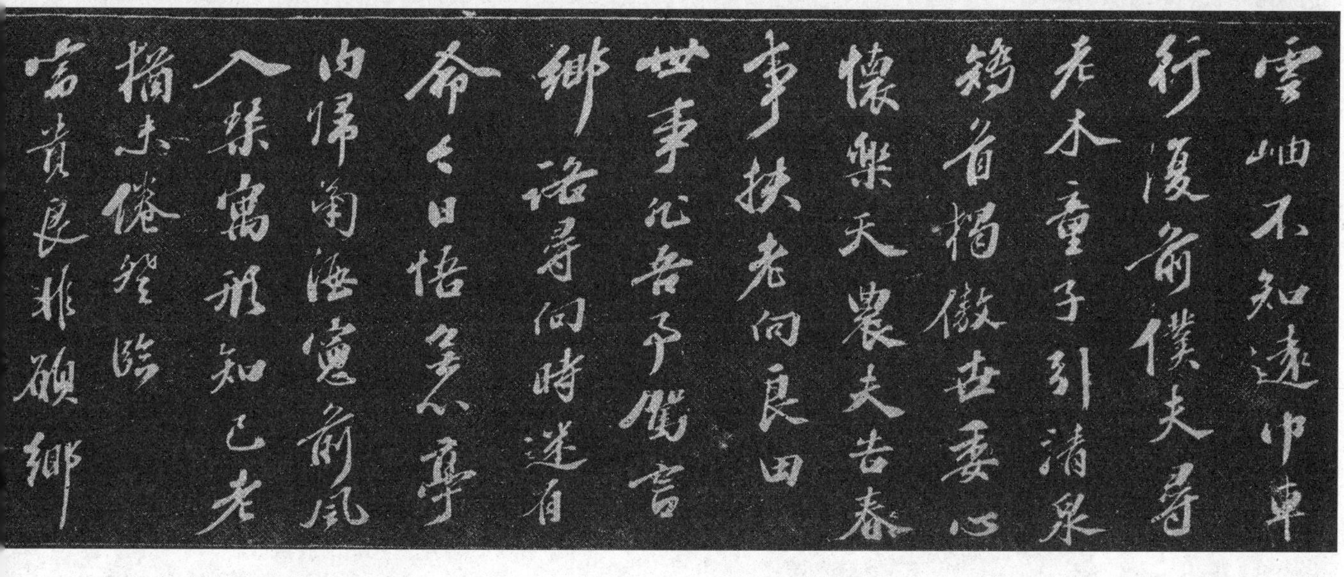

言四句六十一偈，为文殊师利法子的对佛偈）

元符二年十二月十三日 莆阳蔡卞书 凝寒笔冻 殊不能工也。

妙湛揔持 云云 不详述（作者注：此为《楞严经》第三卷中最后一部分七言诗八句的偈，是赞美以阿难为首的众佛之偈）

建中靖国元年（1101）冬十一月五日，池阳慧日院南轩续此偈。

崇宁元年（1102）十一月鄱阳齐迅施刻于灵岩寺。

住持传法净照大师赐紫仁钦立石匠人牛诚刊。

《泰山志》在后面做注解说，右刻偈四石各高一尺二寸，宽五尺。偈语题款皆为行书，崇宁元年（1102）立。题名三行，正书。前段末空处有方豪题刻二行，“嘉靖元年（1522）三月六日，棠陵方豪再观，呜呼君子可以人废书乎”（原注：这两行被抹掉了，仅能看出“嘉靖”“观”“废”等字），其余空处刻着观者的姓名。

想想宋代的奸臣传里，蔡卞在熙宁三年（1070）成为进士，绍圣四年（1097）官拜尚书左丞，假以绍述（指宋哲宗时对宋神宗所实行新法的恢复继承）之名中伤好人。徽宗即位，即被黜知江宁府，连贬少府少监，分司池州，一年后，起知大名府，徙扬州，擢知枢密院。

此碑前半部写于元符二年（1099）十二月，正是蔡卞官至尚书左丞中伤好人之际。后半部写于建中靖国元年（1101）十一月，正是蔡卞被连贬为少府少监分司池州之时，即写于一年后的崇宁元年（1102）十一月，而且当时蔡卞已擢知枢密院。看碑偈便知蔡卞与灵岩寺毫无关系，与住持仁钦也毫无关系。只是因为蔡氏兄弟官至高位，势力显赫，虽然没有僧职，也在此立碑一块，为己增光。蔡京所书“元祐党籍碑”，百年之后在南方某荒凉遥远之地被重刻，之所以被重刻，是因为其同党重视它。石碑因藏于深山，八百年来完好无损，这也是得了地势之利吧，棠陵爱好其书法之至，所谓“君子不以人而废其书”，不就是说的这件事吗？（常盘大定 文）

证明龛

证明龛位于灵岩寺的背后、接近方山上部的一个石窟里，里面以释迦佛为中心，左右分别配有两菩萨、两罗汉的像，前面两侧各有狮子像。证明龛的建造年代不详，但是从下部“修方山证明功德记”显示，其年代应该追溯到唐初以前。“功德记”刻在中尊台座上，一半已经磨损，再加上宋代的苏永书、李行到此一游时，作为纪念将自己的名字用大字刻在了上面，所以碑记很难连贯读出，幸好碑文已经收录在了《泰山志》和《金石萃编》里。

“功德记”为乡贡进士牟珰撰写，年代为唐大中八年（854），并说碑文引用了《寺志》的内容。说唐初有一个善子小童，不到十岁，唐朝名相魏征执政年间，小孩来到方山，舍身求法，坠到半虚，五云封之，接往西天而去。缁白看到这一景象，就造了这座龛来表彰小孩的功绩，并起名“证明功德记”。这就是证明龛的来源。人们都认为这是《涅槃经》里“雪山童子”的翻版。

首先这篇记文关于年代的记述就有欠妥当，从碑文书法看应为六朝时期或至少要追溯到隋代时期。佛龛由来于唐初求法童子的说法则不可信。记文里又说中尊为弥勒佛，说胁侍菩萨及各座神兽造像等共计九座。说中尊为弥勒佛是不妥当的，应为释迦牟尼佛，《灵岩志》里说“内有释迦佛大石像”，这是对的。记文里胁侍像只提到菩萨而没提到罗汉，也是欠妥当的。还说造像总共九座，而现在加上两狮子也只有七座。或许除了两座狮兽像以外，还有梵天、帝释等，可是从龛的整体来看，好像一开始就只有七座。这样看来，不能不说记文的内容很不精

确，记文大概是根据寺僧的讲述做的记录。不知为何，证明功德龛下注有“唐人所造”几个字，而《灵岩志》却未将此记文收录进来。

记文里说，会昌五年（845）破佛之时，毁掉有名称的佛寺五千余所，修行的兰若三万余所。还俗僧尼二十六万七百余人，只有此龛佛像保留了下来。又说大中五年（851）的圣旨允许在旧址上重建精舍。正史中没有记载破佛事件毁掉了多少寺院，也没有关于大中五年（851）又允许建造寺院的记载，破佛十年后所做的此文，正好填补了正史的欠缺。

寺中主僧闻知圣旨，于是起立此寺。杭州盐官县人僧子儒于大中六年（852）千里迢迢寻访到此地，装饰此龛，也就有了此文。文后记有当时布施者二百多人的名字，由此可知，此碑龛就是大中六年（852）立的。（图 10-1）（常盘大定 文）

至近代，中尊佛又被重新修塑，更失去了以前的威严，一点也没有佛尊的气势。但是，两侧胁侍两菩萨、两罗汉以及两神兽像都没有再被重修过，所以几乎保持了建造时的样子。两尊菩萨究竟是什么菩萨虽不明确，但两手抱于胸前，似抱莲花的应为观音菩萨，合掌胸前的也许是大势至菩萨。很明显，两罗汉是阿难和迦叶。狮子的建造手法极具雄浑之气概，其胸部文字应为后人所刻。

说到佛像的身量，中尊佛右手施说法印，手掌与中指相合约高三尺五寸，乳下左右九尺四寸宽，跏趺（是指佛教中修禅者的坐法，两足交叉置于左右股上，称“全跏坐”，又称“吉祥坐”）长一丈七寸，由此可推知佛像的大小。两侍菩萨中，观音除了头部以外，头下约六尺三寸高。（图 10-2、图 11、图 12、图 13）（常盘大定 文）

图 10-1 · 灵岩寺 · 灵岩寺证明龛 · 功德记 · 拓本

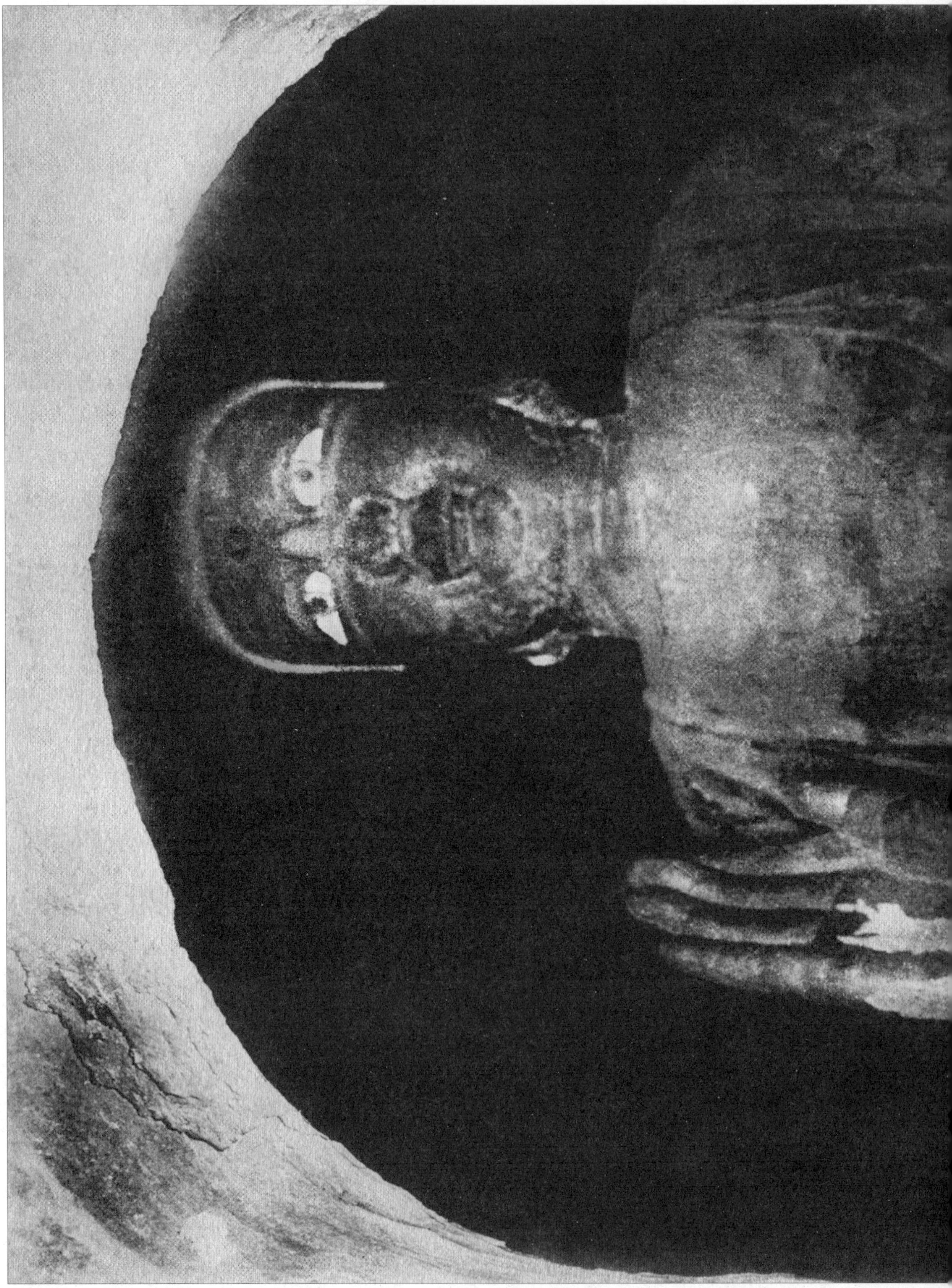

图 10-2 · 灵岩寺 · 灵岩寺证明龛 · 大佛

图11-1·灵岩寺·灵岩寺证明龛·左胁侍菩萨

图11-2·灵岩寺·灵岩寺证明龛·石狮

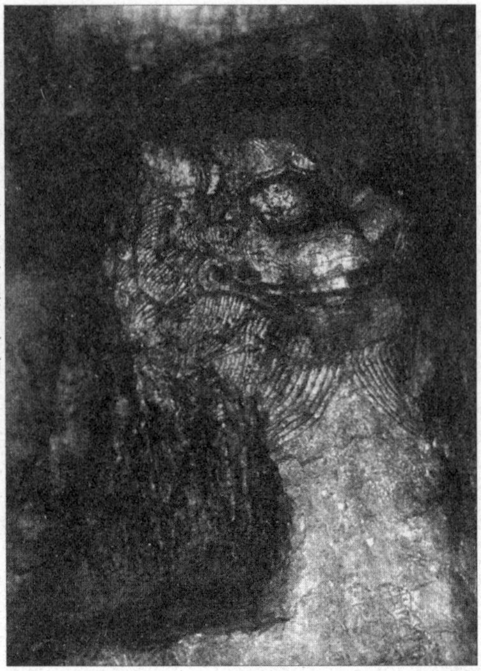

图12-1·灵岩寺·灵岩寺证明龛·右胁侍菩萨·上半身

图13-1·灵岩寺·灵岩寺证明龛·右胁罗汉·阿难

图13-2·灵岩寺·灵岩寺证明龛·左胁罗汉·迦叶

图 12-2 · 灵岩寺 · 灵岩寺证明龛 · 右胁侍菩萨 · 下半身

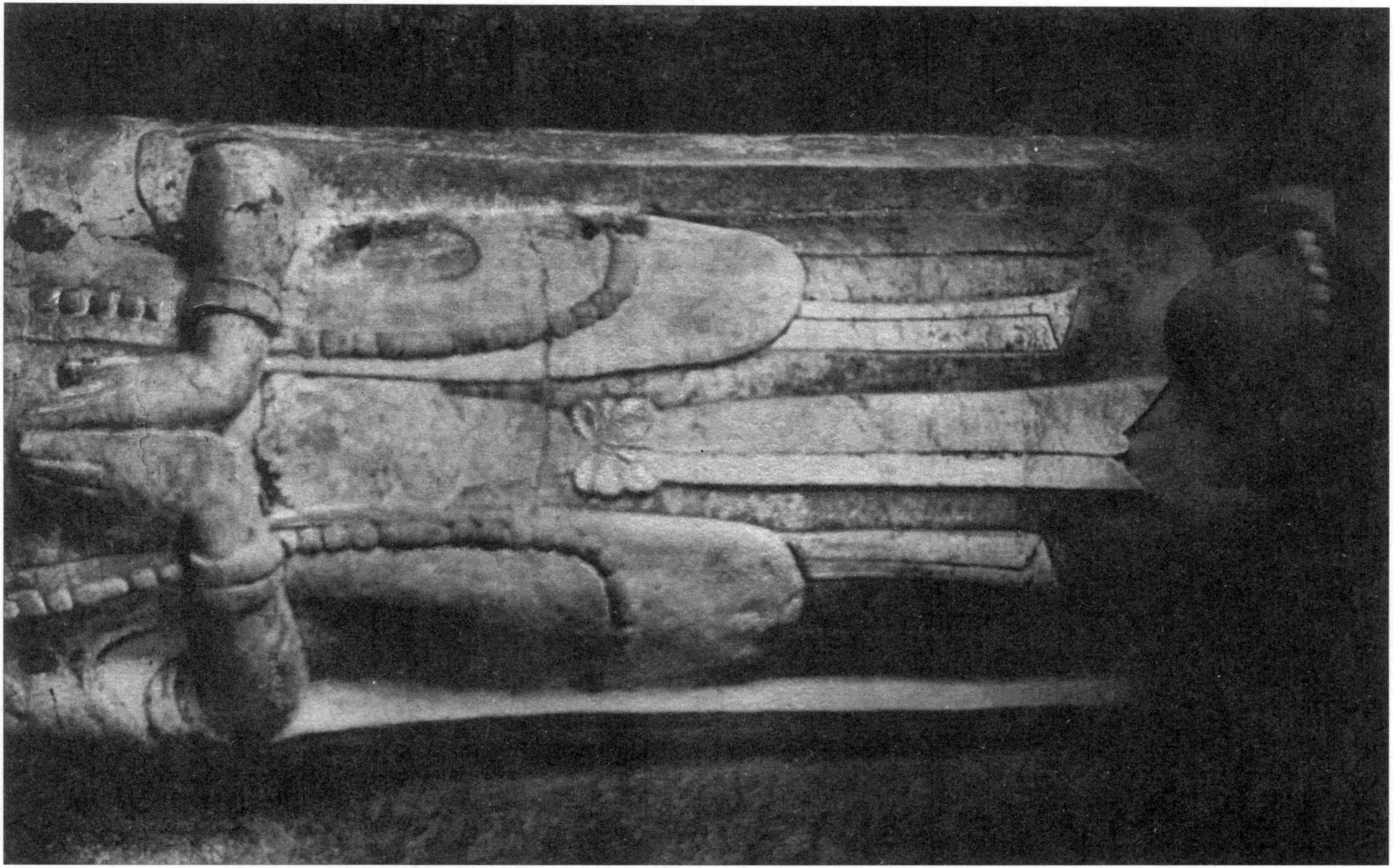

唐慧崇塔

据《灵岩志》记载，慧崇为唐贞观时期的高僧，他主寺期间，在位于甘露泉西的寺庙原址的西边，也就是在现在我们看到的地方又建造了规模更大、更为壮观的寺院。他的功绩可与开山祖师法定相提并论。慧崇于天宝初年圆寂，寿近百岁，葬于寺西高地处，墓塔尚在，即慧崇塔。《泰山道里记》里也说千佛殿是唐贞观年间（627—699）慧崇移建的，慧崇塔则建于唐天宝年间（742—755）。

慧崇塔位于历代住持墓塔林上方，在一块稍突出的高地上，为四门塔，虽然已经破损，但仍保持着旧时的模样，威严犹在，慧崇像原来放在里面，现在移到了下面的法定塔里。（常盘大定 文）

塔为石砌重层塔，第一层前后两面各有入口，呈半圆拱门，依稀可见六朝的风格。塔檐深深，数层梁托支撑，气魄非常。上层变低变小，塔檐也变短。顶部置山华蕉叶形露盘，承托仰莲宝珠塔顶，但现在已经损坏了，这座塔造型庄严，气势雄伟，充分显示了初唐的特色。（关野贞 文）

图 14-1 · 灵岩寺 · 唐慧崇塔

魏法定塔

此塔位于历代住持墓塔林的中部，形状为砖砌四门塔，与慧崇塔相似。里面置法定像，右边并放着慧崇像。这座塔雄踞墓塔林中，引人瞩目，可是《灵岩志》和《泰山道里记》里却没有关于它的记载。《道里记》中只记载道该塔为宋元时代的塔，笔者认为《道里记》有意将此塔归为宋代塔。现在称它作法定塔，还是根据宋代的海会塔铭判明的，老住持也这么说。（常盘大定 文）

这座塔为砖砌塔，形状虽然与慧崇塔相似，但是塔檐厚实，也更有庄重之风，看其样式，不亚于初唐建筑。（关野贞 文）

图 14-2 · 灵岩寺 · 魏法定塔

宋海会塔

塔身刻有“监寺比丘祖英”。根据题刻可知，宋代曾大兴土木，殿阁一新。堂头妙空禅师，独念当山，寺中积骨遗骸，有力则叠石累茔；孤穷者，暴露坑涧，灰烬狼藉，殊无以表丛林义聚之意。宣和五年癸卯（1123），祖师率堵之左，立海会塔，圹分为三，中安住持，东安僧徒，西安童行遗骨。即日芟草定基，举众靡不相庆，乃佥议醵金，请助其费，海会塔得以建成。

妙空法师就是寺院土地被人侵犯时上诉到官府的人，这件事记录在田园记碑上。塔前方可见上面提到的法定寺，和“祖英题记”里说到的“祖师率堵之左”完全一致。祖英只说祖师，但没有具体说哪位祖师，如果不是中兴年间的祖师，就是第一祖师，即开山祖师法定了。（常盘大定 文）

塔基呈正方形，上置较高耸的莲花座宝珠，形状非常罕见。宝珠、莲花座等手法显示了宋代富丽华美的特色。（关野贞 文）

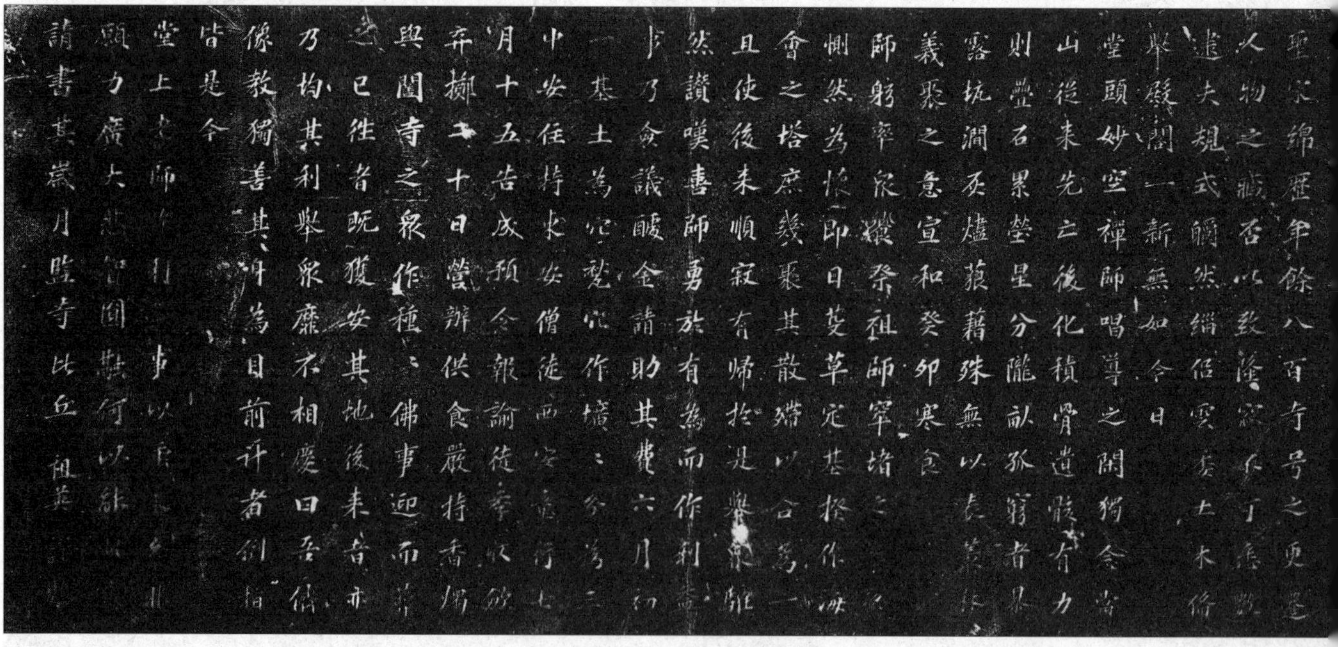

图 15-2・灵岩寺・铭文・拓本

图 15-1・灵岩寺・海会塔

历代墓塔

一、僧录司左街觉义兼灵岩崇善禅寺住寺悦公喜庵和尚寿塔（高二丈余）（图 16-1）

寺名崇善禅寺为明成化四年勅赐，所以此塔为明代所建。

二、久公禅师寿塔（图 16-2）

三、都纲昂公独峰塔

和公首座塔　成化二十三年

本空禅师寿塔（图 17-1）

四、墓塔林立大观（图 17-2）（常盘大定）

图 16-1 · 灵岩寺 · 历代住持墓塔

图 16-2 · 灵岩寺 · 历代住持墓塔

图 17-1 · 灵岩寺 · 历代住持墓塔

图 17-2・灵岩寺・历代住持墓塔

山东历城

LICHENG DISTRICT, JINAN CITY OF SHANDONG PROVINCE

神通寺

神通寺位于山东济南东南方八十里，柳埠村东五里处。由于前秦竺僧朗曾居住于此，因此通称“朗公谷山寺”。隋文帝时，得赐名“神通寺”（《泰山道里记》）。竺僧朗为山东佛教的开祖，在中国佛教史上占有重要地位。《水经注》里称“僧朗少事佛图澄，硕学渊通，尤明气纬”，这个说法是妥当的。

竺僧朗得道以后，开始在关中说法，始皇元年（396）移居至泰山阴，与隐士张忠共做方外之游。张忠被前秦王符坚召请西去。朗公于是在金舆谷的昆仑山（原文为昆仑山，今昆瑞山）建造了精舍，并定居下来。因此，这里又被称为“朗公谷”，精舍称为“朗公谷山寺”。《梁高僧传》“僧朗”项下）。此处或许是把“昆嵛山”误写成了“昆仑山”，或为“金舆山”“金庐山”“崐瑞山”等，名称不一（《泰山志》）。

高僧竺僧朗居住于此时，秦王符坚钦佩他的德行，召见了他；南燕主慕容德也仰慕竺僧朗，奉他为东齐王；晋孝武帝、后燕主慕容垂、北魏拓跋珪等都修书与他，后秦主姚兴也非常尊重他。由此可知，竺僧朗不愧为一代高僧。符坚曾通告众僧，特别诏曰：昆仑一山不在搜例（《广弘明集》）。有着如此起源的神通寺里，据说魏时有金铜制的高骊像、相国像、胡国像、女国像、吴国像、昆仑像、岱宗（原文为岱京像，应为作者笔误）像等（《续高僧传》“魏僧”项下）。

北周时期，神通寺曾经一度衰败，但是到了隋开皇十四年（594）隋文帝来岱宗望祭山川时，接受随驾昙迁奏请，下令大修神宝、灵岩两寺，河南王接令为神通寺施赠，由此神通寺焕然一新。（《续高僧传》“昙迁”项下）。唐义净禅师，齐州人，自述七岁亲事本寺善遇法师、慧智禅师，深受感化（《南海传》）。现如今（1921年9月）神通寺已废，无人居住。寺内有六朝时期的四门塔、唐朗公塔、金元时期的历代住持墓塔林以及如下诸碑。（图18、图31）

敕赐神通寺祖师兴公菩萨道德碑　至治二年（1322）、邢天祐撰

通理妙明禅师淳愚长老云公碑铭　大德丙午（1306）、智京撰

神通寺外护记　明成化十年（1474）　少林后学太初撰

寺院西面的山腹处为千佛崖，大小石佛数百座，大部分为唐时所造，也有一些六朝时期的。（常盘大定 文）

图 18 · 神通寺 · 全景

图 31-1·神通寺·历代住持墓塔

图 31-2 · 神通寺 · 历代住持墓塔

朗公塔

朗公塔俗称龙虎塔，《泰山道里记》里说：“西北隅曰‘朗公塔’，制最古。”据此可以证实它的存在。六朝时代，为了纪念开祖僧朗公，神通寺被称为太山朗公谷山寺，所以寺内自然会有这座朗公塔。（常盘大定 文）

此塔塔基两层、塔身两层，基坛四面板壁上阳刻有精美的飞天像。上坛内部刻着精美的飞天浮雕，基坛之上更有塔坛，上下刻有莲花，腰右中央刻有龙虎、左右为四大天王，四周为金刚力士像。塔身约九尺七寸三分。四面分别开有入口，入口上部呈莲花拱状，入口左右有两飞天、罗汉等高浮雕，上部浮刻兽形、菩萨、天神、飞天等，极为富丽，但略显俗气。内部中心石柱的四壁上阳刻佛像，极为秀丽。塔檐为砖砌重檐斗拱，其上又建造第二层略低塔身，仍为重檐斗拱，第二层上方斜置方形露盘，大概其上曾置覆莲相轮，但如今已被破坏，只留下一小部分。此塔年代不详，从手法看，应为唐末建筑。

图 19 · 神通寺 · 朗公塔

图 20 · 神通寺 · 朗公塔 · 局部

四门塔

据《泰山志》及《艺风堂金石文字目》记载，四门塔上左面有正书书写的文字，记此塔建于东魏武定二年（544）。内容如下：

武定二年□乙卯朔十四日戊辰，冠军将军司空府西阁祭酒齐州骠大府长流参军杨显叔，仰为亡考忌，十四日，敬造石像四区，愿令亡者，生常值佛。

由此可知塔中四佛的建造年代、愿主和建造目的。

《泰山志》里还说，塔上还刻有龙神元年（705）神通寺僧无畏的造像记。（常盘大定 文）

四门塔为石造单层方塔，四面有门，所以称四门塔。塔宽约二十四尺三寸，壁厚二尺六寸七分，内部中央有一块约五尺八寸大的塔心柱，四面围绕宽三尺的佛坛，每面坛壁上置有三尊石造佛像。

四门塔塔身均由石料筑成，塔檐由五层梁托支撑，塔顶成阶梯状重叠而上，顶部为石造覆莲相轮。四面门口上方呈拱形，石壁表面刻有多种几何样图案，这是受汉代手法的影响。

此塔作为建于东魏的石造建筑，年代仅次于汉代的石阙，是历史悠久的建筑之一。其建筑风格简洁，权衡优美，特别是作为单层石塔简直就是独一无二的建筑。

内部佛像后经专人重新涂抹修缮过，但是涂料不断地脱落，露出了原来的面目。佛像面相丰圆，眼睛细小呈纤月状，上眼睑画线，眉骨高昂，鼻梁高挺，口角栩栩如生，朵颐丰厚，耳带环孔，发为螺形，所着锦衣线条自然流畅。（关野贞 文）

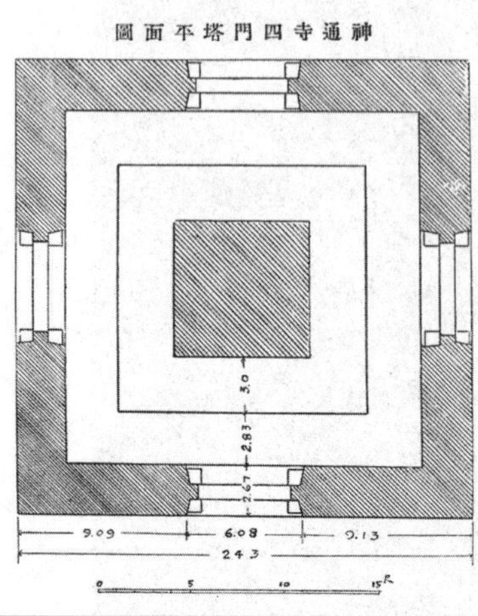

神通寺四门塔平面图

图22-1・神通寺・四门塔・西方佛

图22-2・神通寺・四门塔・北方佛

图 21 · 神通寺 · 四门塔

千佛崖

由于寺庙西南方的悬崖上刻有很多佛像，故称为“千佛崖”。这些佛像都是唐初所刻，从东南端到西北端佛像大致可分为五大区。

第一区

千佛崖的最北端有一个大佛龛，里面有一座一丈六尺的坐佛，工艺手法与旁边的第二大佛龛中的几乎一样。这座像的右肩处有小佛一尊，右壁处亦有小佛一尊，左壁处刻有“陶氏造小佛三躯”，此龛从北边数来为第一大龛。

距此右方约八尺之处为第二大龛。两大龛内部相通，由前方中央大柱分割开来，内部分别安置着两座高约八尺的坐像。

两佛形式相同，龛内相通，由此可知应为同时建造的。两佛同样形态精美，面相极为威严华贵。面部轮廓丰圆，眉目口鼻手法精致，含有雄劲之气象。衣着线条优美，用刀稍浅。右方佛铭曰：

大唐显庆三年（658），行青州刺史，清信佛弟子赵王福，为□太宗文皇帝敬楷弥陀像一躯，愿四夷顺命，家国安宁，法界众生，普登佛道。

赵王福造像造于显庆三年（658），所以晚于第四区明德贞观造像，这尊佛像堪称唐初的杰作，比第四区的贞观造像更上一层境界。（关野贞 文）

赵王福为行青州刺史，造像目的：一、为太宗文皇帝；二、为四夷顺命、国家安泰；三、为法界众生普渡登佛道。左方佛像大概是释迦佛，两龛暂且合称第二大龛。《法华经》里的释迦、多宝一般是两佛并坐的形式，但是根据右侧铭文记载，两佛中右边是阿弥陀佛，所以我们不能看到两佛并坐就认为一定是释迦、多宝。而且阿弥陀佛的手印相接近法界定印，是研究中国佛像的极好材料。据义净《南海传》记载，神通寺的亲教二师皆持有西方信仰。（图23、图24）（常盘大定 文）

龛内后壁右面上下有两尊、左面两尊、右侧壁上大小六尊佛像。左侧壁有小佛像三尊、两主尊中间有大小五尊佛像。这些小佛像都和主尊形状相同，都是同一时期造的。（关野贞 文）

两主尊中间的佛像上有铭曰：像主前旅□上骑都尉刘君操供养。

其下铭曰：像主刘操亡妹顺妃供养。

右壁上的六尊佛像为王玄亮、张直方、清信女段婆、李树生等的造像，左壁上的三尊小佛为高道邱所造。

其中王玄亮的造像，据铭文记载，由于王玄亮受蛊迷惑，稍有异常，因此造此像以求合家平安，并望法界众生同福。铭曰：

像主王玄亮，被蛊魅，得差，造像设齐。愿合家平安，法界众生，咸同斯福。（图24-1）

左侧壁上的三尊小佛为高道邸所造，是为比丘尼真海沙弥法师而造，期望他的功德能够遍及法界众生。铭曰：

高道邸，为比丘尼真海沙弥□师，敬造像一铺，普及法界众生，咸同斯福。（图24-2）（常盘大定 文）

两大龛的右侧岩壁上有大小四尊佛像，再往右侧约五米处有一排小佛像，其左方上部有一龛，里面安置着一座高三尺多的坐佛，再往右方约两米处又有一龛，中央为等身大释迦坐像，左右为两菩萨、两罗汉，都为整雕，右边有小佛一尊。（关野贞 文）

图23・神通寺・千佛崖・第二大龛・二佛

图24-1·神通寺·千佛崖·第二大龛·王玄亮造像

图 24-3・神通寺・千佛崖・第二大龛・右方佛

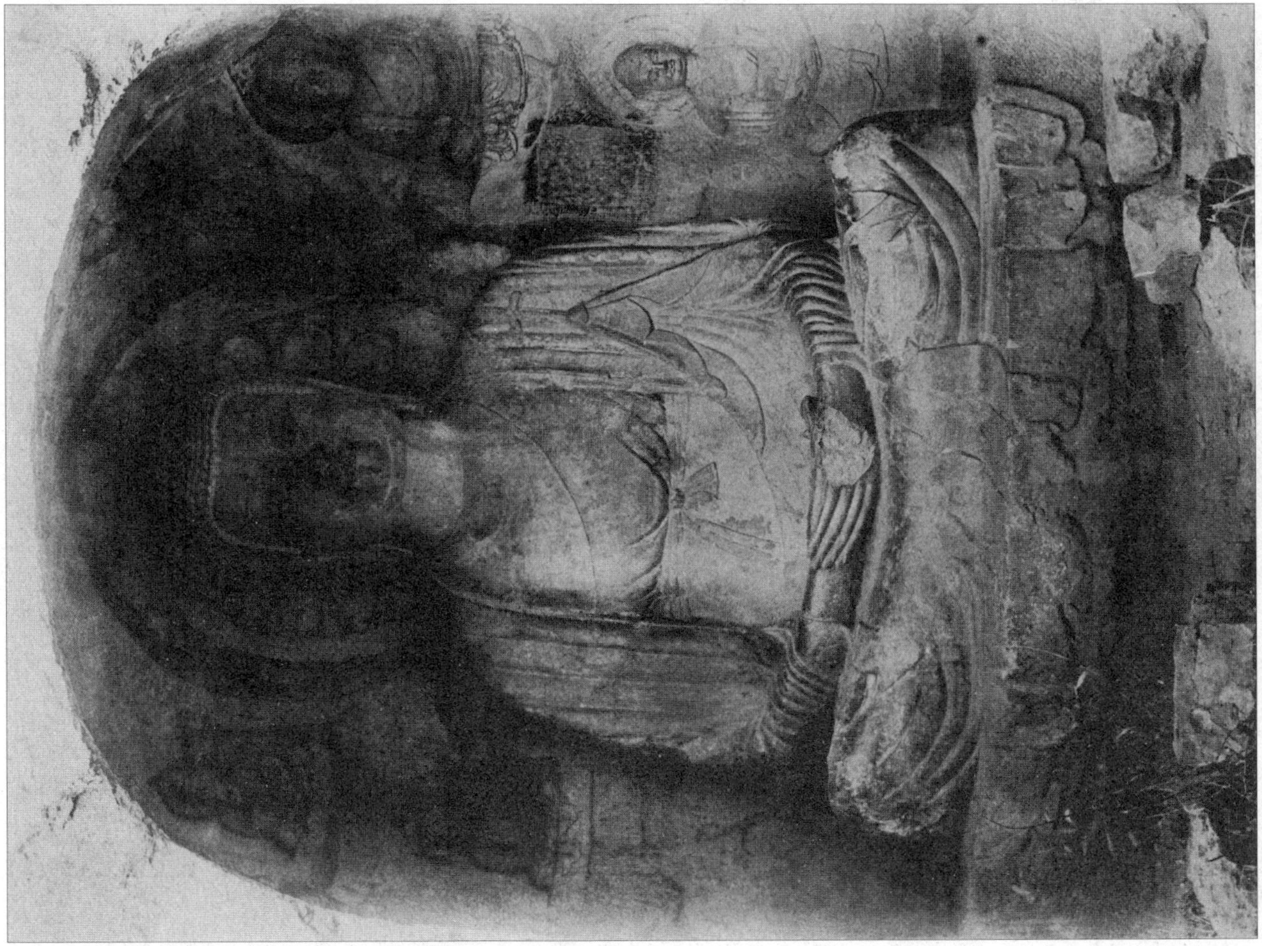

图 24-2・神通寺・千佛崖・第二大龛・高道邱造像

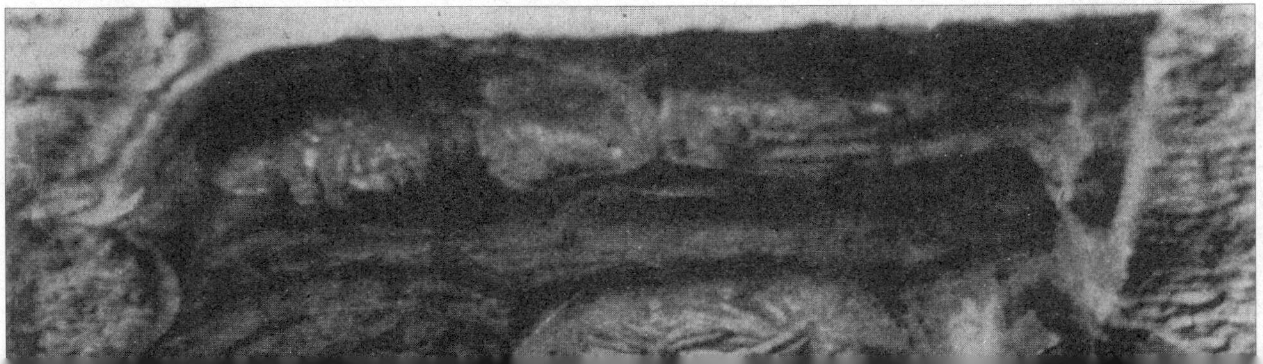

图 24-4・神通寺・千佛崖・第二大龛・左方佛

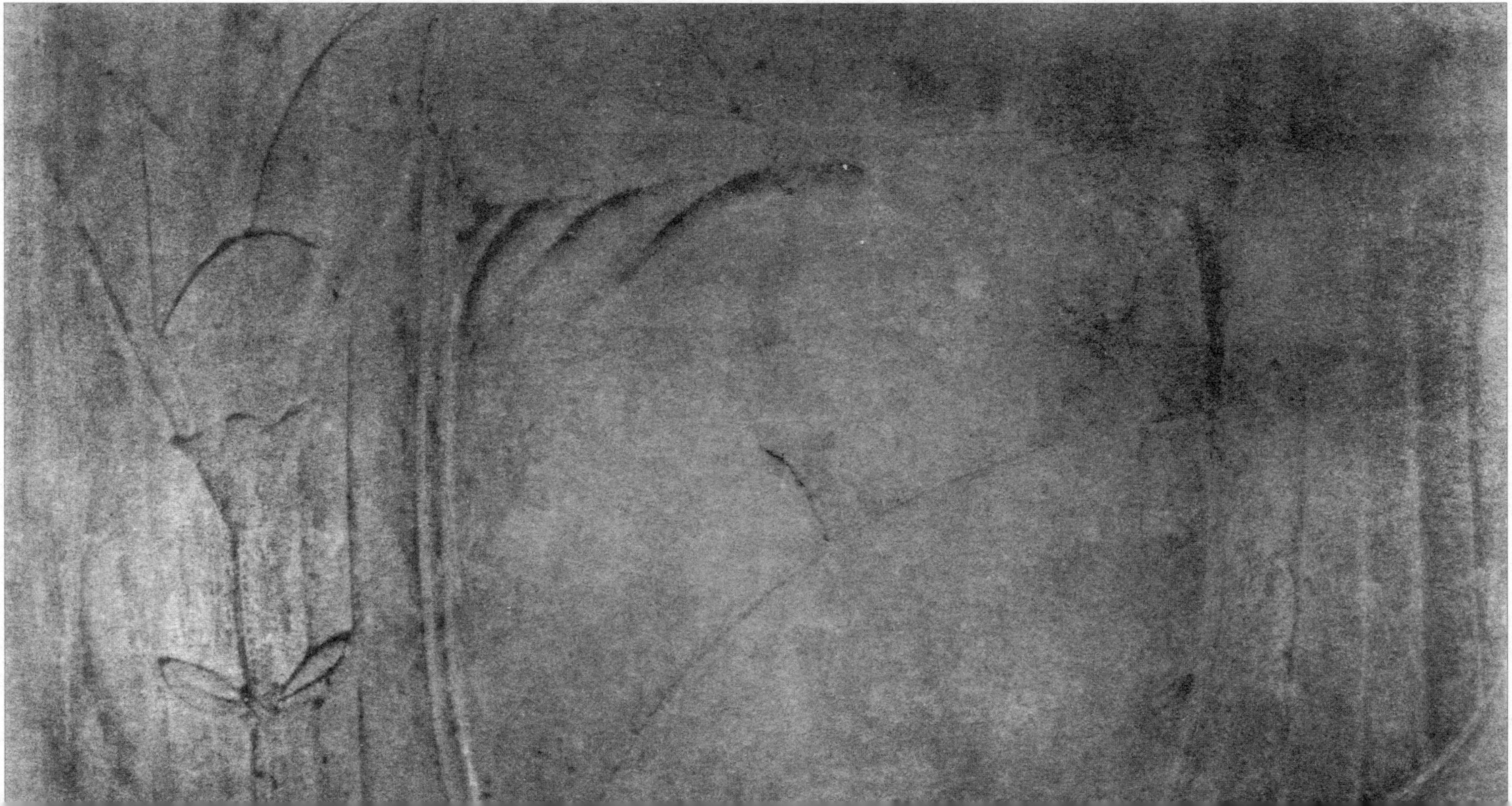

第二区

第二区右面有一群小佛像，上下四层，大大小小共三十四尊佛像，都刻于各个小龛里。它们都是唐初的杰作，面相、姿势优美。左方的三个已磨损的佛龛，第一龛里有一尊佛像，第二龛里为主佛及左侍，第三龛里有五尊佛像，其左边约四米处有一座地藏像，但都已经严重损坏。（图 25-1）（关野贞 文）

图 25-1·神通寺·千佛崖·小龛群

第三区

第三区位于第二区南面约八米处。这里有等身大佛像两尊、其他大小佛像三尊。其中，第三区中央下部方龛内的佛像最值得注目，龛宽一尺六寸，高二尺五寸八分，造形奇特的柱子左右支撑着上部的拱形。龛内置有释迦椅像，龛外左为金刚，右边刻着小狮子。（图 25-2）

主佛右有铭文：大唐显庆二年（657）九月十五日齐州刺史上柱国驸马都尉渝国公刘玄意敬造□像供养。

第三区最右面与第四区相连处有小龛十一座，皆优秀之作，最下面有僧人慈阴的铭文。（图26）（关野贞文）

图25-2·神通寺·千佛崖·刘玄意造像

图 26・神通寺・千佛崖・僧慈阴等造像

第四区

与第二区右边相连，有甲乙两大龛。甲龛内并排刻有坐佛两尊。其中一尊高约六尺，另一尊高约五尺七寸二分。两佛之间上下各有一尊小佛，佛龛左边刻有铭文，内容如下：(图27)

大唐贞观十八年(644)僧明德，知风烛难□。诚苦□□追越，竭衣钵净……舩石像两躯。上报……含识瞻颜礼……罪名至心欢……切业报恐山……变……记铭

由此可知两尊佛像的年代，右边的佛像损坏严重，但左边的佛像保存得非常完整，这尊佛像形态优美，面目丰圆，细眼长眉，和蔼可亲，鼻梁高挺，鼻孔清晰可见，口小且端庄，耳大无环空，朵颐长垂，颈部无褶线，衣纹线条流畅，只是刻画稍浅，略显平板。莲花座上的花瓣肥厚，颇有北魏遗风，此龛名为第三大龛。(关野贞 文)

千佛崖以第三大龛为中心，其左右两边，特别是上部呈重叠状的层龛中有大大小小共六十六尊佛像，堪一大奇观。像云冈、龙门、巩县、宝山、响堂山、天龙山等有名的石窟都遭受了人为或自然的破坏，情形非常糟糕。但是，神通寺摩崖除了受到一些自然破坏，几乎没有受到人为的破坏。这一点是中国其他石窟所不能比的，大概因为山东自古以来，佛教不是很盛行，所以这些遗迹没有被世人所知的缘故吧。无论如何，在一千三四百多年以后的今天，能真正地接触到唐代文化，应该是学术界的一大幸事。(图28)(关野贞 文)

乙龛位于甲龛左边稍低处，龛内有坐佛一尊，样式和前一座大体相近，其前下垂衣裾皱褶的手法宛然具有隋代风格，因此大概是唐初的作品。(图29)

这座佛像的左边有六尊小佛，再旁边的三尊佛下有两尊小佛，面对其左西方，上有二佛，下有三佛及小佛，但都损毁严重。(关野贞 文)

图27·神通寺·千佛崖·第三大龛·僧明德造像

图 28・神通寺・千佛崖・第三大龛及上方

图29 · 神通寺 · 千佛崖 · 第三大龛造像

第五区

第五区与第四区右边相连，位于西南端的大龛中。中央有坐佛一尊，高约七尺，左有铭文如下：

大唐显庆三年(658)僧明德敬禚。

龛内左有坐佛六尊、菩萨一尊，右边刻着坐佛一尊，前右坐佛两尊(其中一尊为等身大)，左有塔形，再左边为小佛，上边又有大小九尊佛像。(图30-1)

前面右边坐佛名应为极南龛。此龛上部有穴七个，可知为依岩壁而凿。这里就是千佛崖的尽头。(图30-2)(关野贞 文)

唐义净法师于贞观十五年(641)时值七岁，亲事神通寺善遇法师、惠智禅师，仰为亲教师，数法师七德，除二师以外，称"余住持明德禅师等并闲律意，妙礼经心"。明德造像自然就是义净的住持明德禅师了。(《南海寄归传》)

千佛崖中有明德造像的大洞共两个，一个大洞建于贞观十八年(644)，内置两佛并坐像。另一个大洞紧邻南边，建于显庆三年(658)，内置一尊坐像，从赵王福所造二佛推知，右边坐像大概是阿弥陀佛。(常盘大定 文)

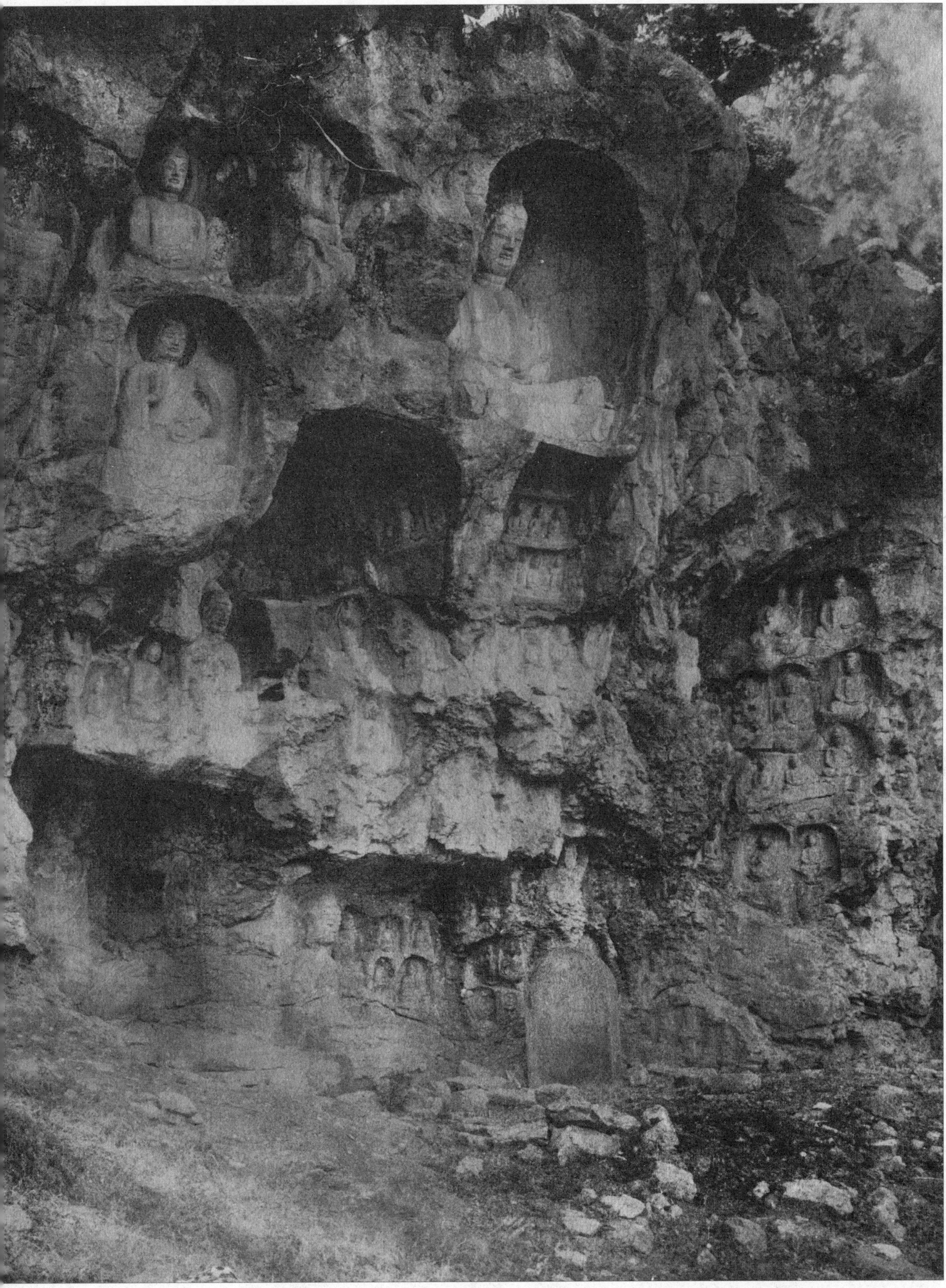

图 30-1 · 神通寺 · 千佛崖 · 第三大龛及第四大龛 · 僧明德造像

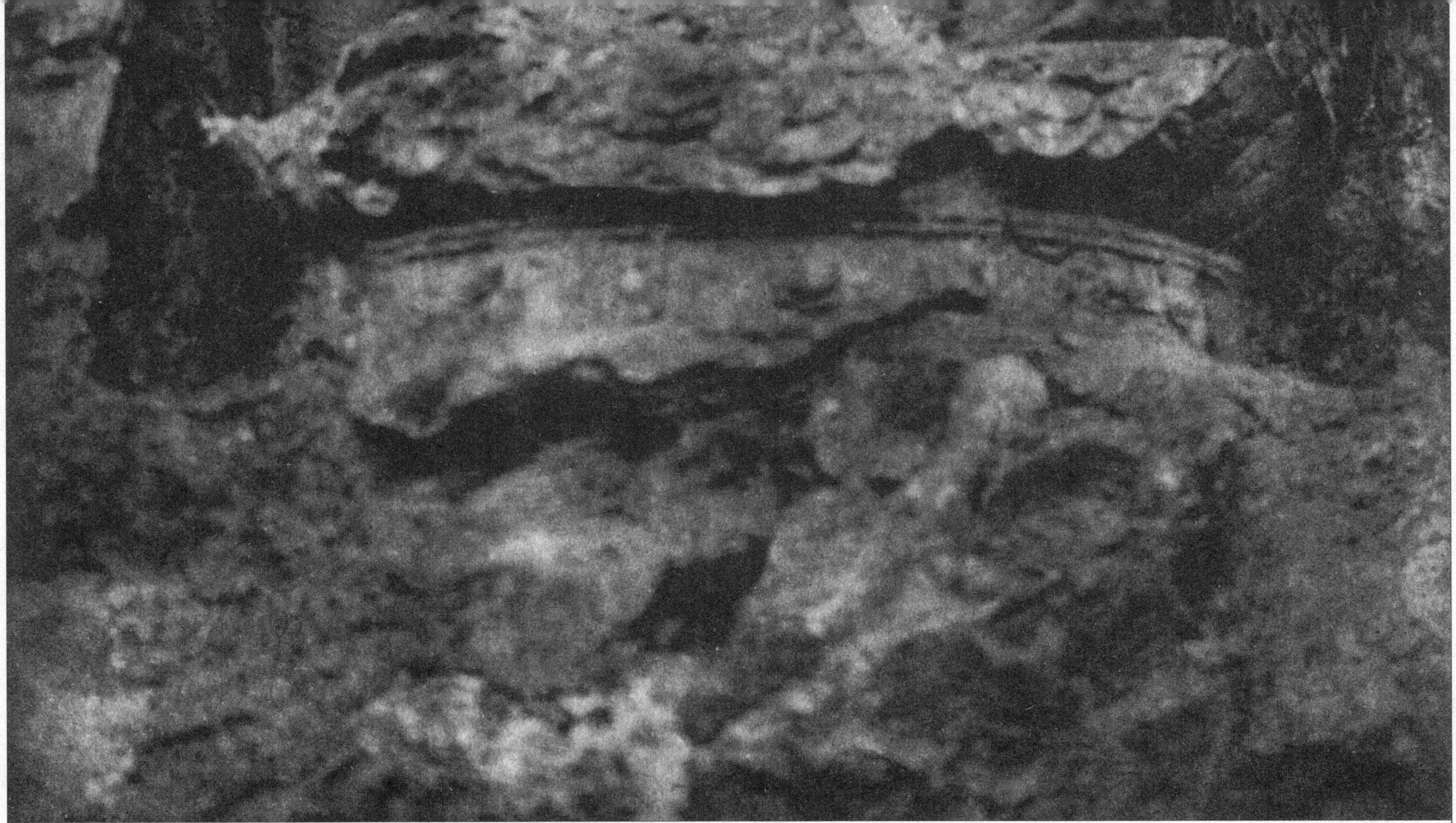

图 30-2・神通寺・千佛崖・极南龛造像

神宝寺址 ｜ 神宝寺碑

神宝寺原来位于灵岩寺西北约五里处，现已荒废，只有寺碑还立在荆棘之中，碑题“大唐齐州神宝寺之碣”。开元二十四年（736）□子寰撰并书。《灵岩志》里误说为北海太守李邕撰文，又说因为石碑磨损，不能辨认。所幸《泰山志》第十五卷里将碑文完整地记载了下来。据此记载，沙门明不知为何许人，正光元年（520）振锡此地，以为福地，表请国王，立此石碑，名曰“静□”（也许为“默”字）。梁齐以来，虽未易名，但隋时值国运变动，呈现一番落寞景象。至大唐泰平，朝廷敕令天下，凡有额荒芜寺院，皆需重新修缮。

于是乡人王氏响应朝廷，重建此寺。因为北有宝山，东有神谷，所以改名为神宝寺。寺院堂宇宏伟，楼阁连瓦。寺内有两座十一层石造浮图，众宝庄严的舍利塔一座，寺院先德之师有：智慧之师明干、戒律之师彦休、行苦之师元质、论议之师神解、持经之师宏哲、功德之师惠冲、纲宗之师景淳、修营之师贞固、麟角之师法将，如今的各大先德之中，还有广济之师慧珍等。

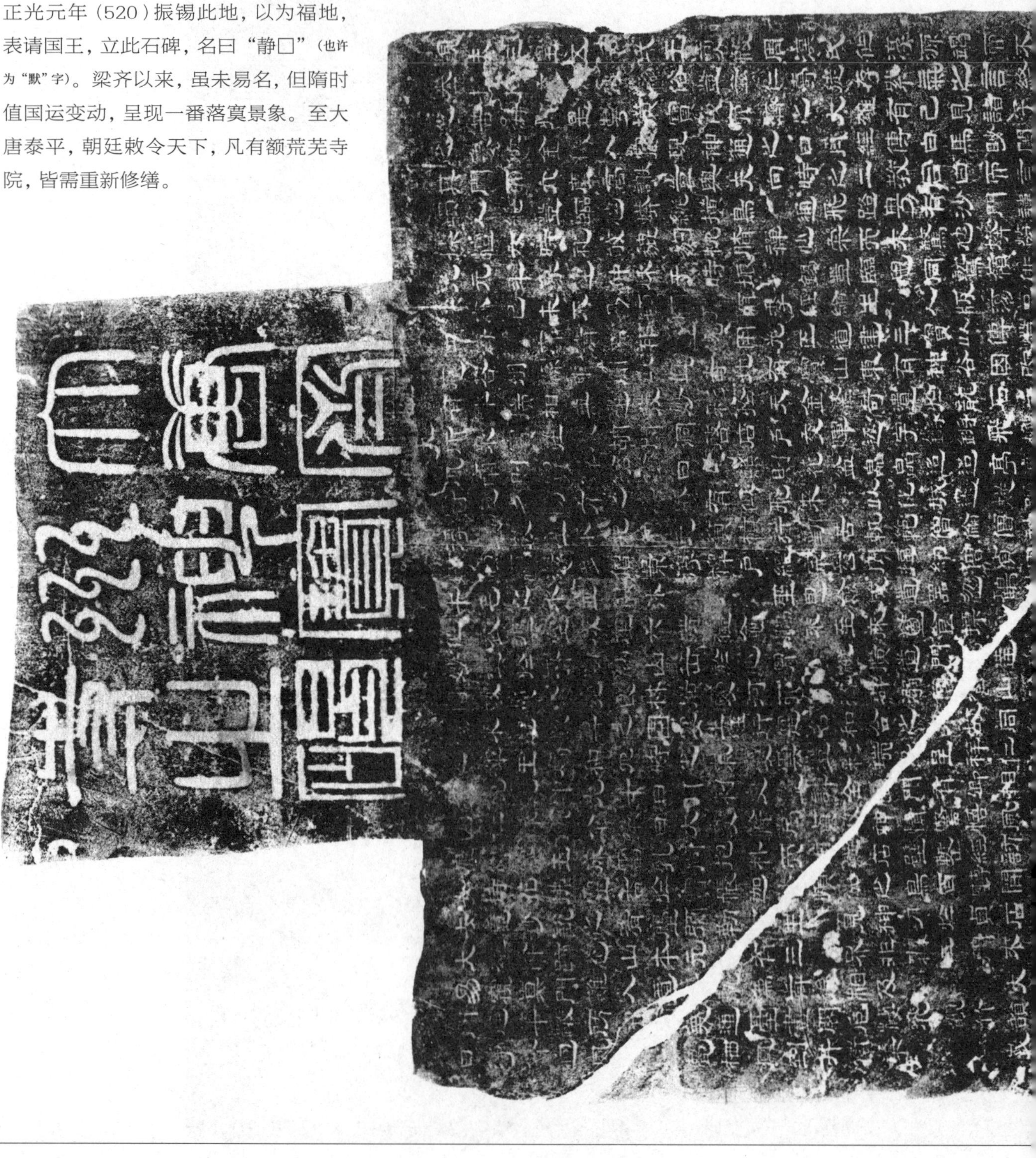

据《续高僧传》“昙迁”项下记载，“隋文帝开皇十四年（594）于岱宗烧柴祭祀之时，昙迁奏请复兴周武王废佛时的山寺，因而敕命再兴灵岩、神通、神宝三寺，且齐王为神宝寺檀越，以及神宝寺为原静默寺。”由于这些历史已经无法从碑文中辨认，所以该记载就成了很好的补充材料。

据《灵岩志》记载，魏孝明帝正光初年，法定禅师先在方山之阴建造寺院，名为神宝寺，后来又在方山之阳建造寺院，名为灵岩寺。还记载说，后来神宝寺成了灵岩寺的下院，现在荒芜了。碑文和《灵岩志》的记载有不一致之处，虽然二者都说开山之人皆为正光初时之人，但是一个说是明，一个说是法定，而且碑文没有记载神宝寺和灵岩寺的关系，所以按照碑文来看，两者就开山祖的记录存在出入。（常盘大定 文）

图 32 · 大唐齐州神宝寺至碑碣碑 · 拓本

九塔寺

九塔寺位于山东历城县柳埠村、神通寺南边五里处，原名观音寺，因为寺门外有一座一茎九顶砖塔，俗称“九塔寺”。寺内有观音殿，据殿壁“明万历碑”可知九顶塔为唐代尉迟敬德所建。又据“明正德八年（1513）马雄记重修碑”（图 38-1、图 38-2）可知为唐大历年间肇建，但没有记载建造者的名字。《泰山道里记》里说九塔寺于唐天宝大历年间重建，但恐并非重建，而应为始建。寺庭里经幢虽有折断，但台座的雕刻值得一看。

寺后的巨岩上有座佛龛，内刻石佛一尊。左方高处巨岩上嵌有约十六座小龛，刻有一尊佛、二尊佛、三尊佛。其中最大的佛龛前立有石碑一块，铭记：天宝二载（743）（常盘大定 文）。

图 38-1・明重修观音寺记碑・拓本

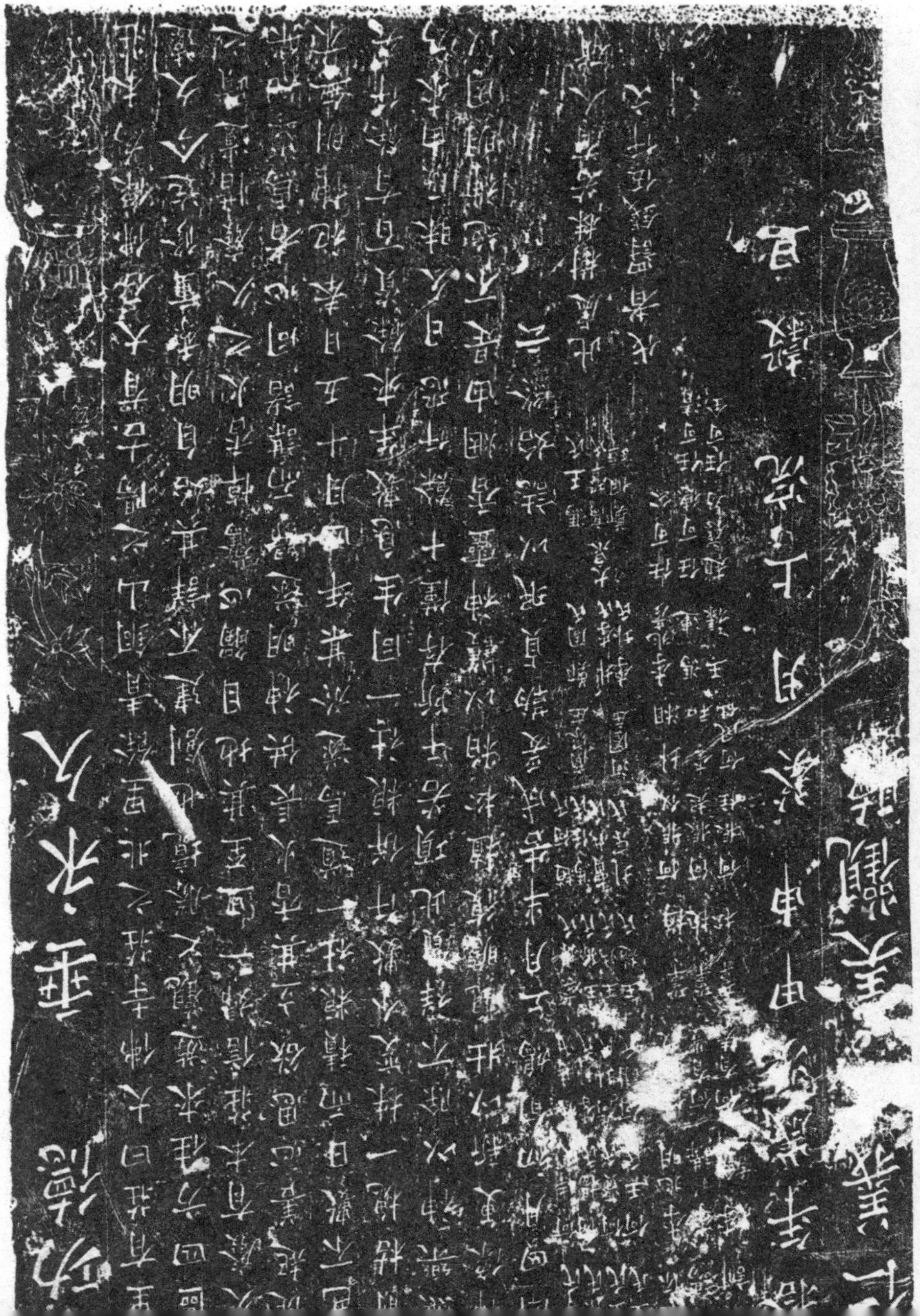

图 38-2・清重修大佛寺庄大石佛像碑・拓本

砖塔

砖塔为一座平面为八角形的砖砌建筑。下部中央三层塔身，各角又有小三层塔，共九座。匠心独运、构造奇特，非常罕见。《山东通志》里说砖塔结构巧妙，实际情形的确如此。塔的南面设有入口，内置佛像。第一层各面呈内环状，非常奇妙，逐层向外扩张的塔檐也呈内环状。塔顶的小塔现在只剩三座，其他几座都已经破损。底层每面宽六尺六寸，檐高约二十四尺，整个塔高约四十尺。(关野贞 文)

香炉台趺石

佛殿前面有一块基石，有人推测其为灯台基石。基石的上部已经缺失，现在上面立了一块八角形石柱，承接香炉台石。这块基石长三尺，宽二尺六寸，地上部分高八寸（除去上部的莲花雕刻），上部的莲花雕刻雄伟壮丽，手法自由。(图 34-1) 侧面凤凰浮雕最为秀丽，技艺精练，有后人难以超越之处，推测是唐初的作品。(关野贞 文)

图 34-1・九塔寺・香炉台・趺石

图 33 · 九塔寺 · 砖塔

造像

神宝寺后有一座巨岩凿刻而成的佛龛，是九塔寺里最大的佛龛。龛内只刻有一尊佛像，面目庄重。由于岩高难攀，只能远远仰望，而受佛像正下方岩石的阻碍，也难以拍摄到佛像的正面。（图 34-2）

背后右方高处巨岩上的造像从正面看共有五层，都是唐初所作。下面第一层共有三龛，对面右数第一龛内一尊佛及二侍像，皆有破损。第二龛内一尊佛像，也已破损。第三龛内有二尊佛及三侍像。

第二层共有八龛，右数第一龛内二尊二侍，第二龛有天宝铭碑，第三龛有三尊佛像，中央一尊手持锡杖。第四龛有三尊，中央一尊为跏趺坐禅像。第五龛有三尊，中央一尊和右侍像为跏趺坐禅像，左侍像为椅像。第六龛有一尊坐像。第七龛为一尊椅像。第八龛为一尊骑狮子像。第三层有二龛，右数第一龛为三尊佛像，第二龛三尊坐像配有四尊侍像。第四层有二小龛，每龛各有一尊佛像。第五层有一龛，内有佛像一尊。（图 35）

上述中有天宝铭碑的龛内有三尊佛像，中间一尊为坐像，右侍像头顶华盖，左侍像两手盘于胸前。三尊佛像台下为供养者，右四人，左二人。中间佛像台前石碑上刻有铭文“天宝二载（743）”。有人怀疑这不是佛像建造的年代，而是将佛像从别处搬来时的年代。此龛虽为所有佛龛中最大的一座，可是正面宽度却只有二尺七寸五分，龛口这么窄的佛龛是尚属罕见。（图 36）

此天宝龛的右边，有一座佛龛，内有三尊佛像，中间一尊手持锡杖，右侍像两手持球，置于胸前，左侍像右手置于胸前，左手下垂，执垂衣（图 37-1）。此执杖龛的右面，上有三龛，下有一龛，内有跏趺坐佛、坐佛、椅佛、立佛等，种类繁多。（图 37-2）

九塔寺造像中最值得一看的是天宝龛、锡杖龛及跏趺坐龛。另外，岩石对面右边还有一龛，内有三尊佛像。中间一尊为椅像，右侍像手持瓶。只有这一龛是后人补刻的，大概是宋代的作品。

以上即为一九二一年作者常盘大定实地勘察时的情况。（常盘大定 文）

图 34-2 · 九塔寺 · 崖壁造像

图 35 · 九塔寺造像

图 36・九塔寺三尊龛

图 37-1 · 九塔寺造像

图 37-2・九塔寺造像

大佛洞

大佛洞位于济南城东南山路约五十里处，历山之南，处于历山南大佛寺庄、青铜山南面的山腰上。大佛洞历史久远，曾一度被山石淹没，明嘉靖十五年（1536）村妇耕作时，偶然发现了它，经过重修，再次呈现在世人面前，自此成为村民百姓尊崇的对象。洞内有大佛坐像一尊。大佛的身量，测其手，从手掌到中指指尖为四尺六寸有余，脐下左右长一丈四尺，呈跏趺坐相，两膝间距离达一丈四尺。（图 39-1）

右方岩壁上刻有造像者名，铭文如下：（图 39-2）

像主从景晖　像主徐晃母王　像主高秋王

像主罗胜男　像主荣僧于

佛像严而不威，兼具慈悲智慧二德，面相端庄，无与伦比。可惜碑上没有年代，应是六朝所建（图 40、图 41）。

左岩壁之上阳刻一菩萨、一罗汉。菩萨右手上举，呈与愿印相，罗汉仰望菩萨，两手合掌。

右壁之上阳刻并坐二佛，左右两壁下方共阳刻三尊小佛。大概刻菩萨、罗汉晚于大佛，而二佛与三小佛是与大佛同时刻的。（图 42-1、图 42-2）

洞外有两块碑，一块立于明嘉靖十五年（1536），一块立于清光绪十年（1884）（图 38-2）。碑上记载着大佛洞被发现的经过和重修的原因。前述内容即由碑文而知。大佛洞位置非常偏僻，就连当地百姓都很少知道，更何况前来访问的日本人，除了笔者常盘大定以外，大概也就别无他人了。（常盘大定 文）

图 39-2 · 大佛洞 · 铭文 · 拓本

图 39-1・大佛洞・大佛

图 40・大佛洞・大佛・头部

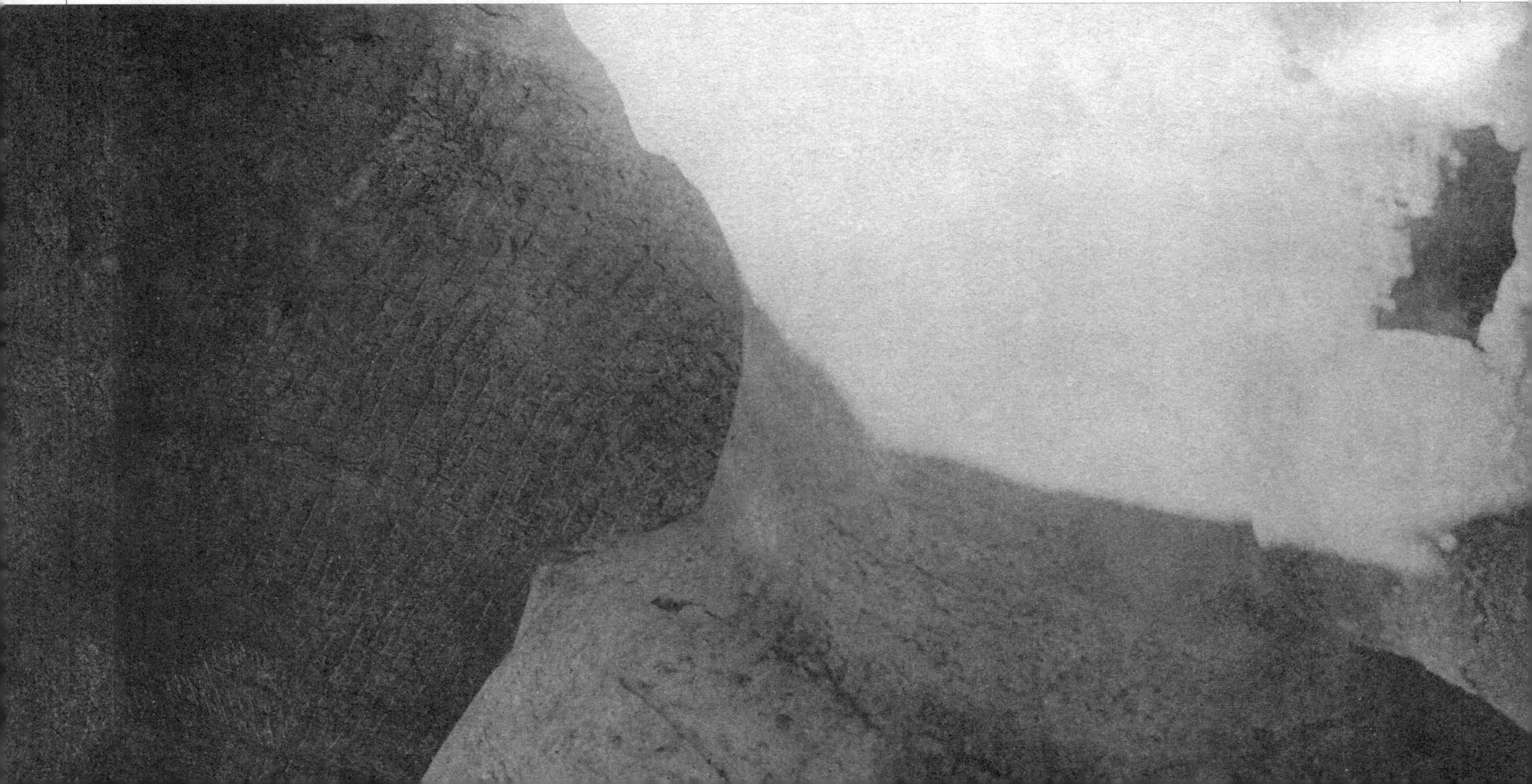

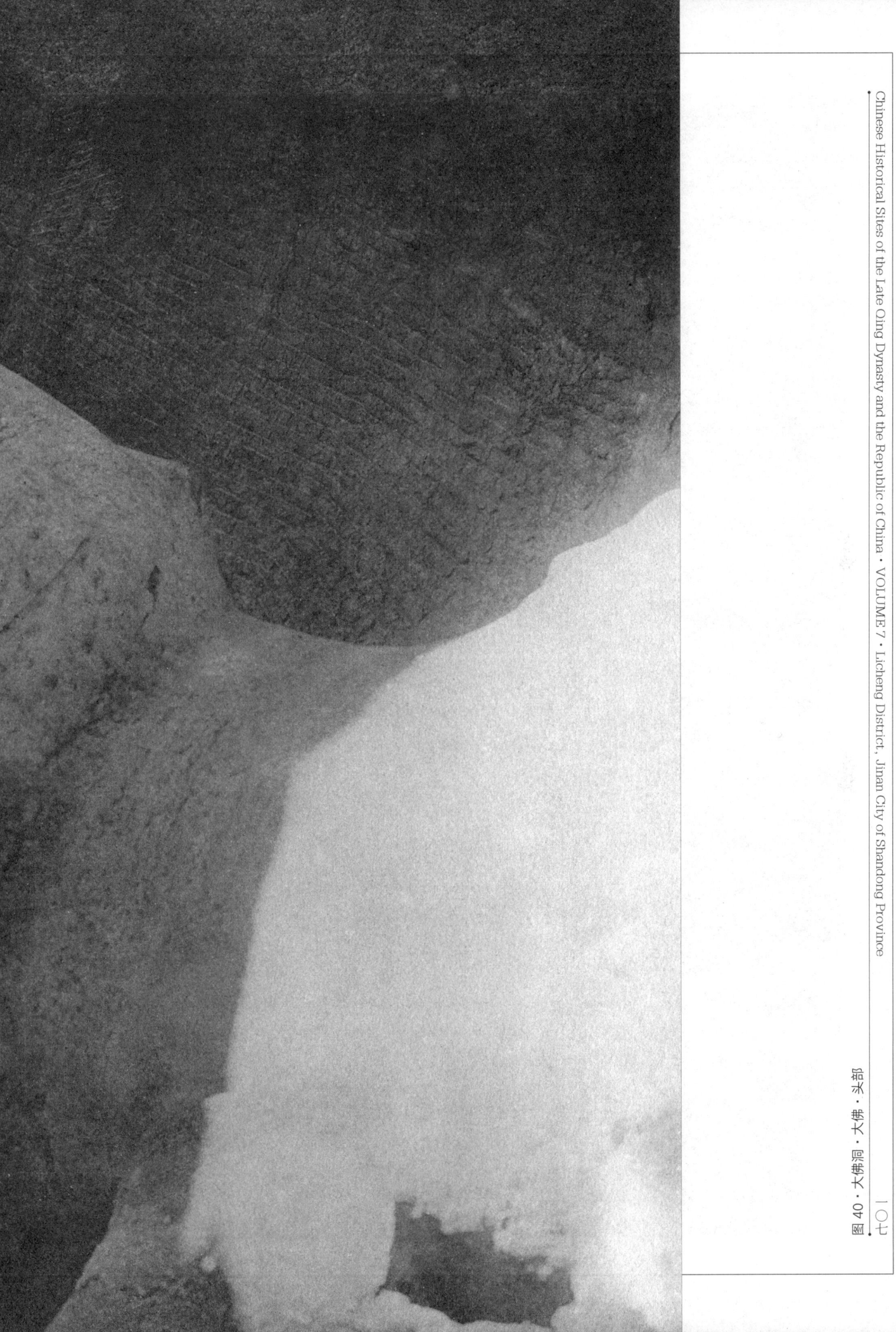

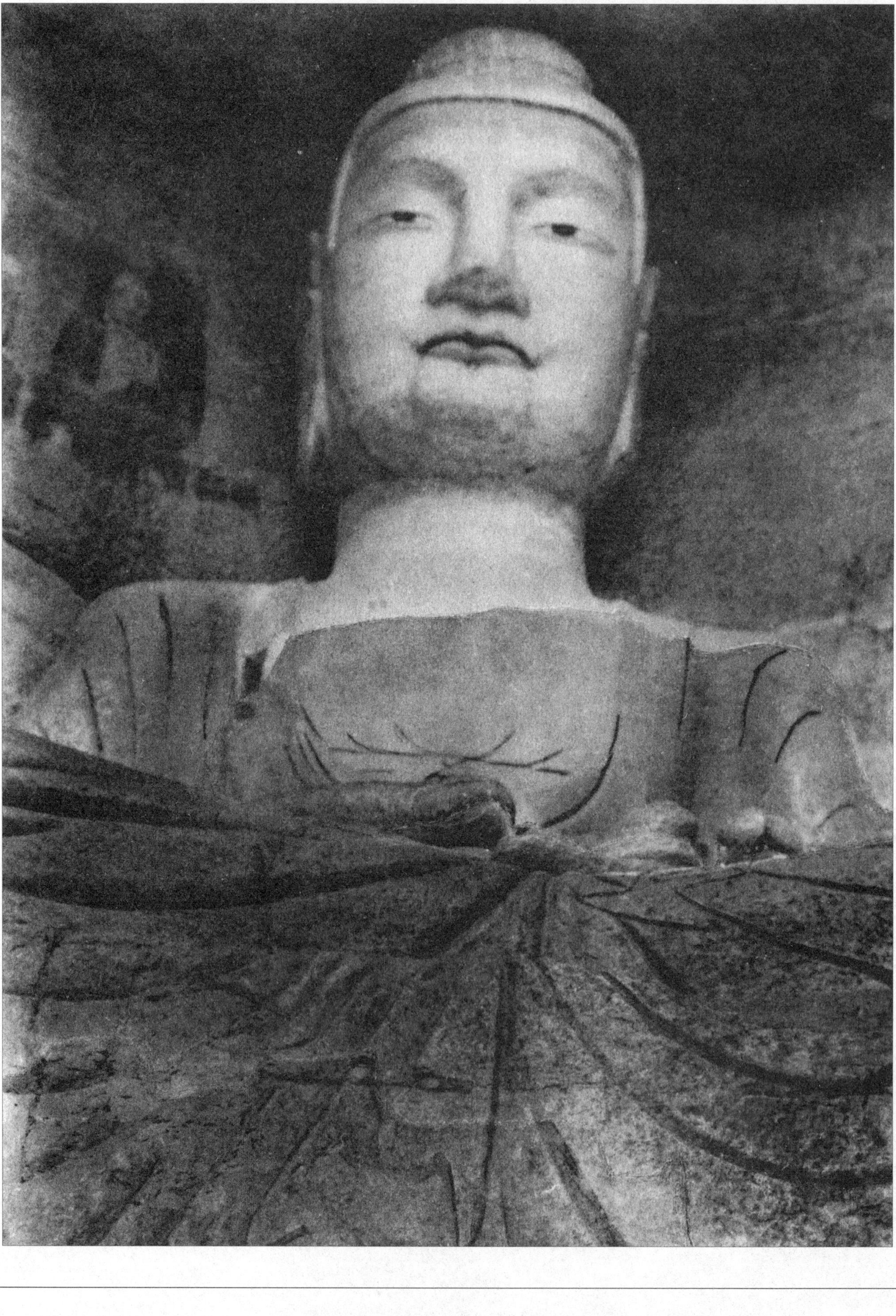

图41-1・大佛洞・大佛

图 41-2・大佛洞・大佛

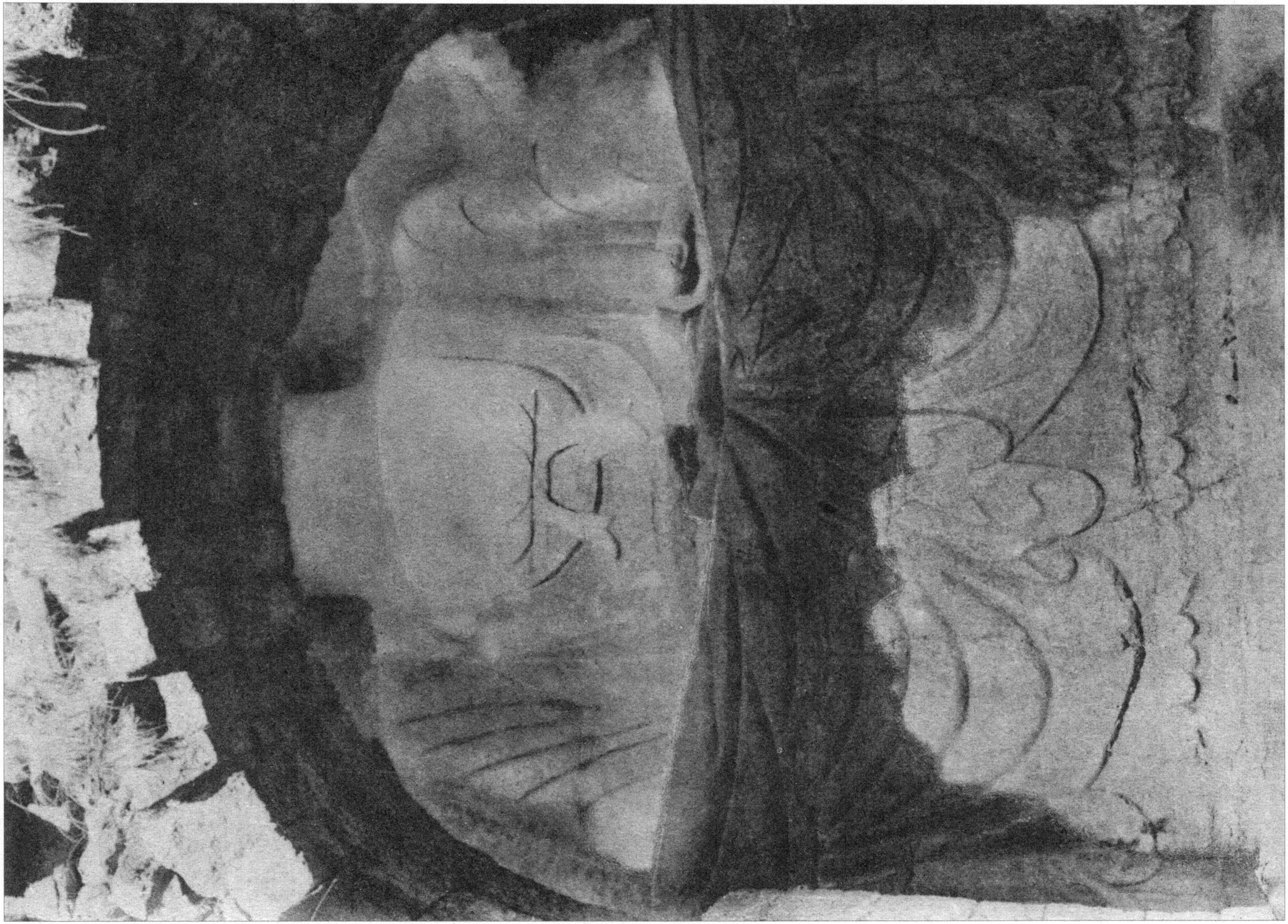

图42-1・大佛洞・壁刻菩萨

图 42-2 · 大佛洞 · 壁刻佛像

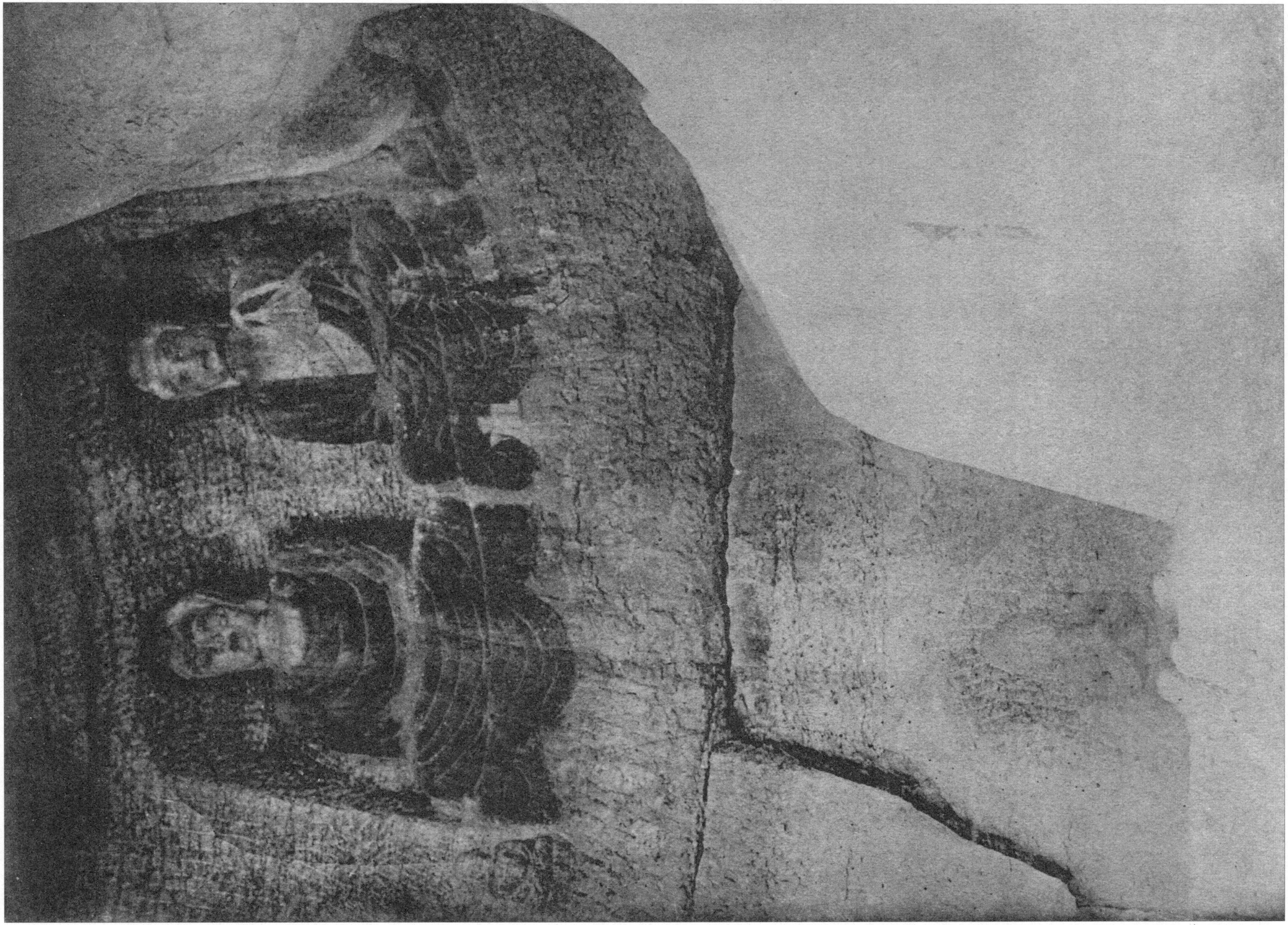

黄石崖

黄石崖位于山东历城县千佛山和厥山之间一座山峰的半山腰上，山洞为天然形成，内壁和外壁上刻有魏末的造像。作者常盘大定于一九二一年实地调查得知，崖面上的铭文上刻着正光四年（523）、孝昌二年、三年（526、527）、建义元年（528）、元象二年（539）、兴和二年（540）等年号。洞内无铭文，铭文皆刻于外壁上，因此无法得知佛像与铭文之间的关系。从年代来看，正光四年（523）的佛像是最古老的，但是从铭文上来看，洞内的主要佛像似乎是孝昌三年（527）建造的。

洞内洞外的佛像虽然规模不大，但是都显示了当时手法的特色。佛像的头部、手足都有破损，令人惋惜，大概是北魏或者北周废佛时期遭到了破坏。

图正中央的部分为佛像，沿石溪而上到达石崖，在高约三米六、长约五十米的岩壁上有数尊佛像，其左边为一处自然形成的洞窟。洞窟内左右壁上几乎整个空间布满了雕刻，而在外壁的最高处还有一些称不上是雕刻、只能算作绘画的图案。（图 43-1）

图 43-1·黄石崖·全景

洞内左壁造像

其中保存最完好的是一处浮雕，其上部是三尊佛像的浮雕，下部是一立佛像。该立佛像也是黄石崖中最大的佛像。其他佛像大都失去了头部。立佛像身长约六尺，两手破损，所以不知呈何种印相。佛像身后刻有精美的忍冬纹，另外还有化佛、飞天。虽然都有磨损，但仍悠然苍劲，足以窥见北魏式的风貌。（图 43-2、图 44）

图 43-2・黄石崖・洞内左壁造像

图 44-1 · 黄石崖洞 · 左壁造像

图 44-2・黄石崖洞・左壁造像

洞内右壁造像

与左壁中间的立佛像相反，右壁造像为坐佛像。佛像两肩披衣，衣裾长垂于前，没有头部且两手破损，不能判断印相。雕刻手法极为简朴刚健，与左壁立佛像一样，身后刻有精美的图案。(图 45-1、图 45-2)

图 45-1·黄石崖洞·右壁造像

图 45-2・黄石崖洞・右壁造像

外壁造像

外壁的刻像经过一千四百多年的风吹雨打，已有自然损毁，而且头部、手足也受到了人为破坏。（图 46-1、图 47-1）

图 46-1 的右下方刻有铭文，为孝昌三年（527）及建义元年（528）所刻。（图 46-2）

孝昌三年的铭文说，法义等一百多人上为皇帝、下为法界众生在历山阴建造了石窟，但是附近却没有找到与此碑文相应的佛像，大概是指洞内的佛像吧。

另外建义元年的铭文是仅记述一尊造像的铭文，大概就是铭文左边的佛像吧。

图 47-1 上四尊佛像的下面有一块正光四年（528）的铭文，说造此石窟和造二十四尊佛像之事等等。（图 47-2）（常盘大定 文）

图 47-1・黄石崖・外壁造像

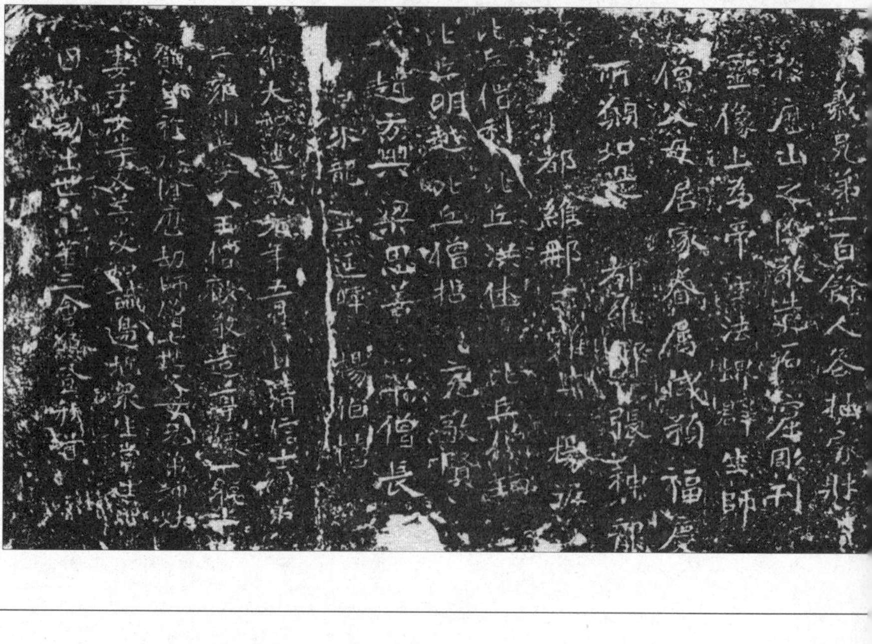

图 47-2・黄石崖・同铭文拓片

图 46-1・黄石崖・外壁造像

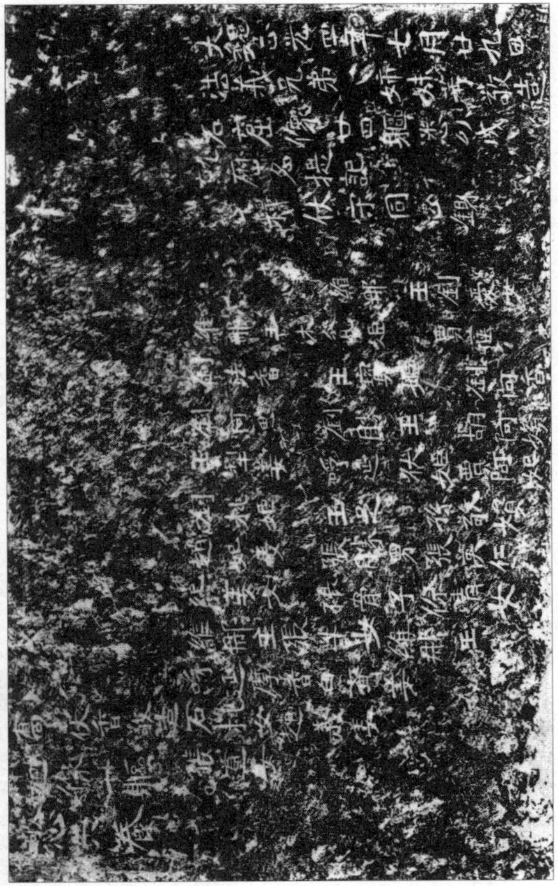

图 46-2・黄石崖・同铭文拓片

龙洞

龙洞位于济南城东南三十多里处，距佛峪很近，只有四余里远。主堂称为“龙王庙”，寺庙称为“寿圣院”，全境称为“龙洞寺”。四面由石山环绕，东为锦屏山，西为三秀峰，南面禹登山，北面双秀峰，双秀峰又被称为“八境第一”。隋代的佛像就是置身于如此自然风光里。寺内的两大元碑几经磨损又重刻，唯有寺内造像依然跨越时空耸立。（图 48-1、图 48-2）（常盘大定 文）

龙洞石窟配置图

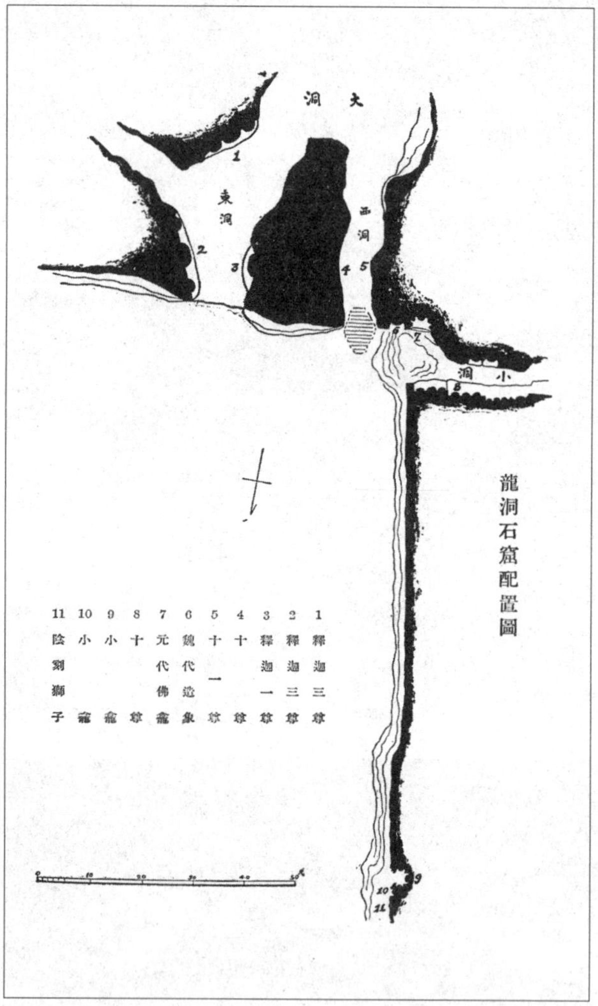

图 48-1 · 龙洞 · 远景

图 48-2・龙洞・寿圣院

大洞

在一条西北流向的小溪对面的峭壁间，有大小二洞，即为龙洞(图49-1)。大洞面北，其东西两处各有一口，内部合二为一。东洞为攀登处，西洞为下山处。东洞的左(西)壁上有释迦像一尊，右(东)壁上有两释迦像及三尊立像，左壁像高约十六尺，右壁主尊各高约十五尺。侍菩萨像高约六尺五寸。佛像皆有磨损，但姿势端正，衣纹手法颇为流畅。观其样式，应为隋时所造。《山左金石存目》(诸城尹彭寿纂)里记载："随比丘尼僧智照造像记，正书，大业三年(607)十月十八日，龙洞后门石崖。"虽然不能断言，但龙洞的造像应该就是这前后建造的。(图50、图51)

西洞的左(西)壁上刻有小佛像十一尊，右(东)壁上刻有十尊。高一尺至二尺，面目衣纹都已磨损，很难辨认。

洞门入口西侧有面北佛龛一座，内有一尊立佛，这会不会就是《历城县志》里记载的东魏天平四年(537)的造像呢？《县志》里说"造像位于龙洞后门口，面朝北"，和这尊佛像的情况一致，不仅如此，此造像的风格也是龙洞佛像中最具古色的。虽说佛像面部、两手都有缺损，但是从姿势、衣纹依然可以辨识其衣纹简洁，并从身体两侧铺展开来，这是典型的北魏式的雕刻手法。与其他隋式的佛像风格完全不同。如此说来，大概《山左金石志》(九)、《访碑录》(二)里面记载的"天平四年(537)汝阳王□叔造弥勒像"就是指的它吧。(图49-2)(关野贞 文)

图50-1·龙洞大洞·一尊像

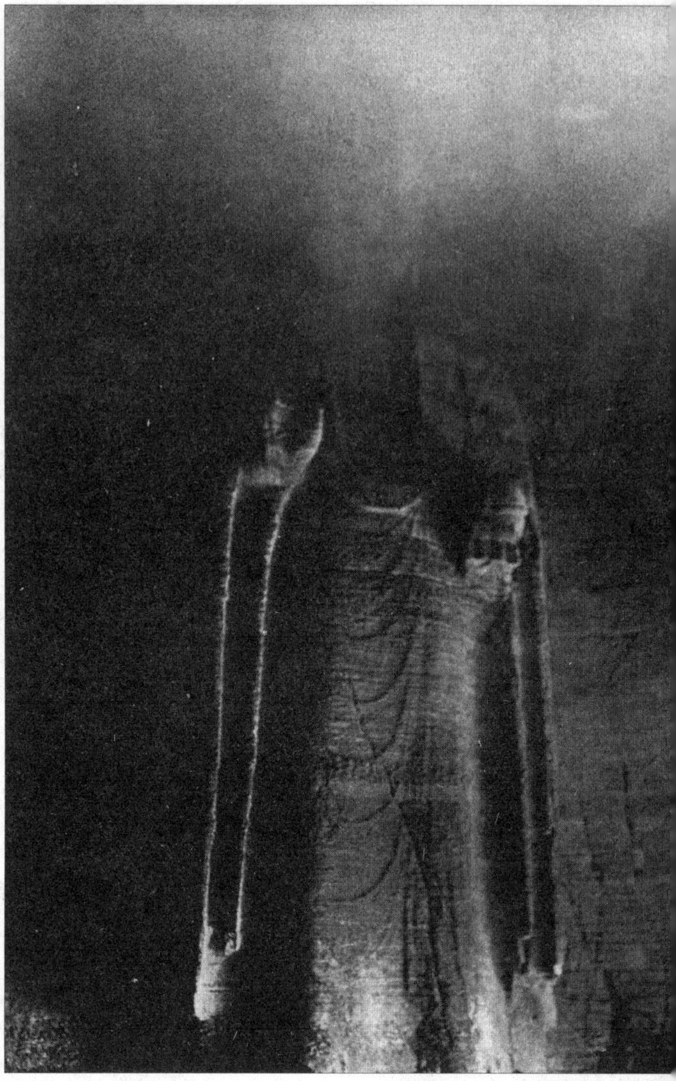

图 49-1 · 龙洞 · 大洞

图50-2·龙洞大洞·三尊像

图 51-2・龙洞大洞・左胁侍像

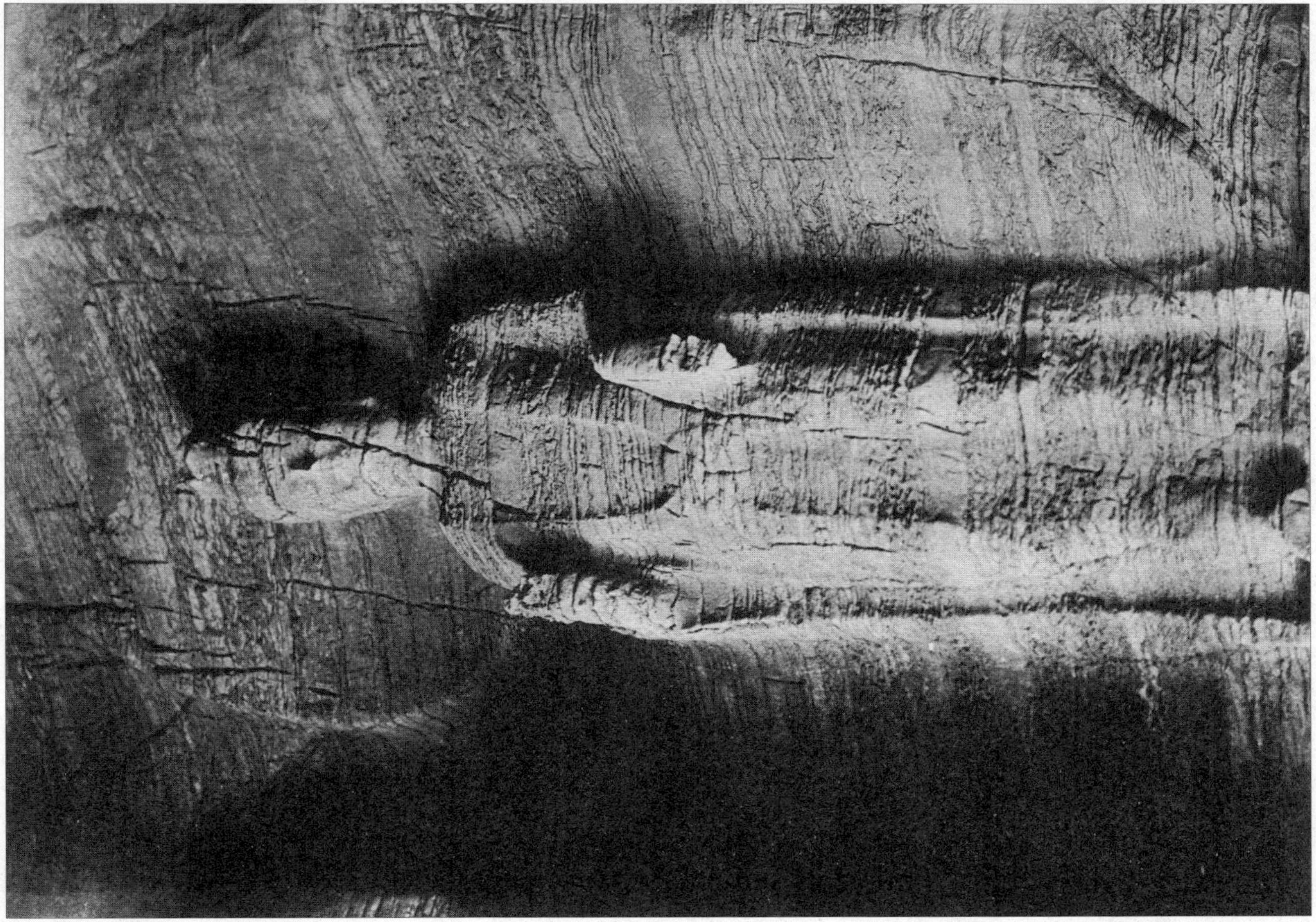

图 51-1・龙洞大洞・右胁侍像

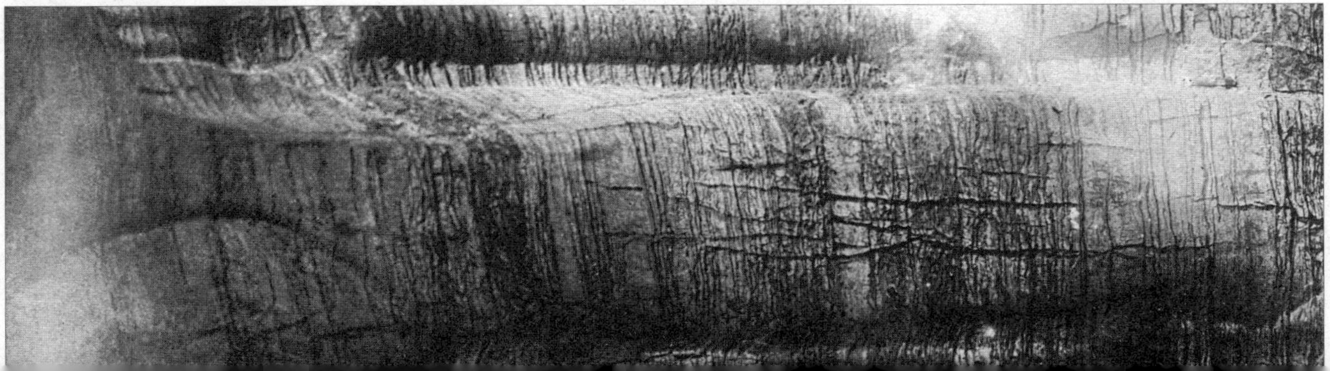

图 49-2・龙洞・大洞外壁造像

小洞

在大洞的外部曲折逶迤的东崖壁上有一个小洞，洞口朝东。洞宽约五尺五寸至八尺，深约二十四尺。左（北）壁上有佛像十尊，右（南）壁上有二尊佛菩萨坐像。每尊皆高约二尺五寸，面目丰圆，衣纹简洁，充分显示了隋时的特点。二尊佛像姿态幽婉，令人倍感亲近，实属少见。（图 52-1）（常盘大定 文）

图 52-1・龙洞・小洞造像

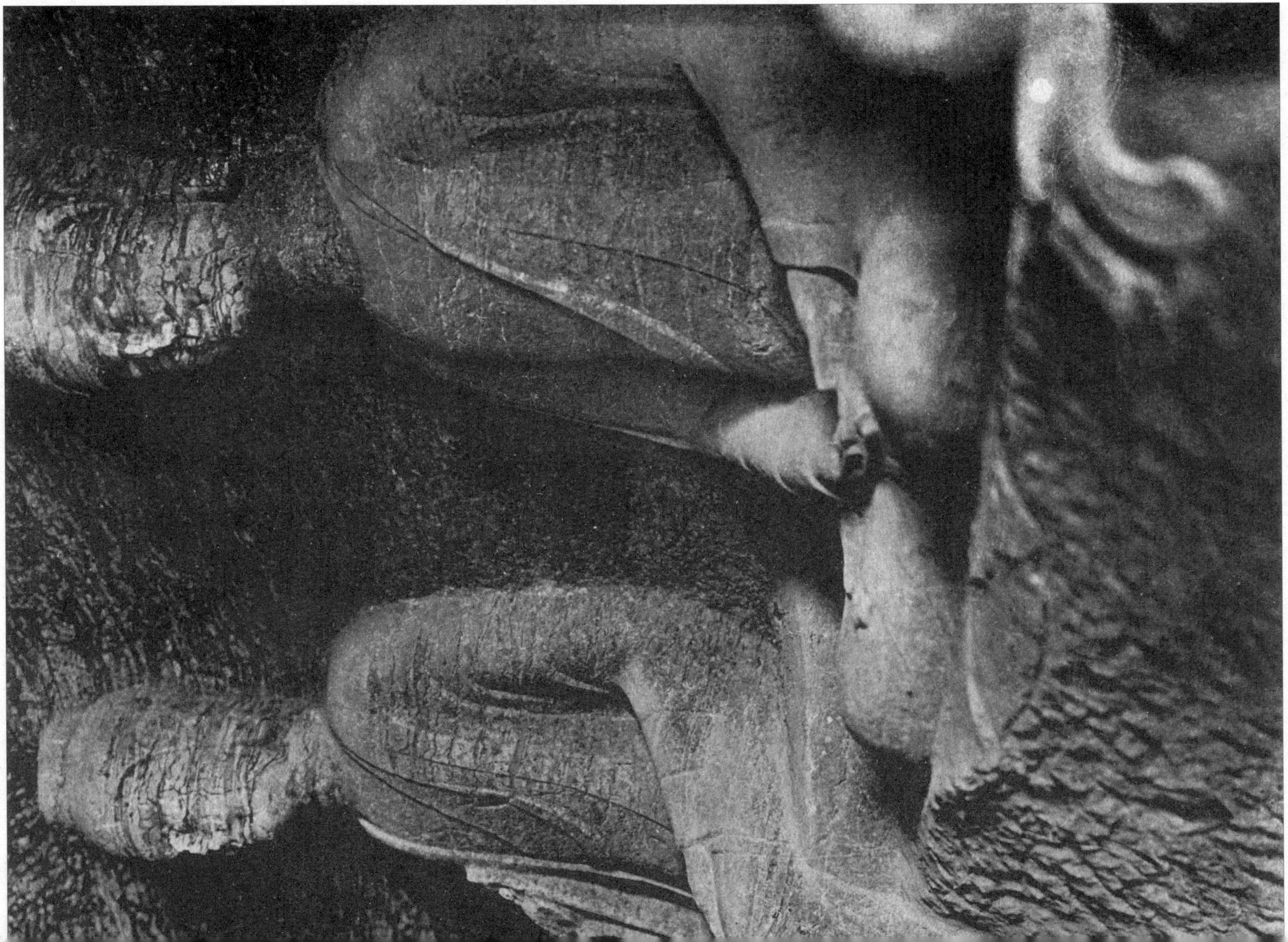

大洞外壁造像

大洞的外边岩壁上有一座佛龛，内以释迦为中心，二罗汉迦叶(右)、阿难(左)，二侍菩萨文殊(右)、普贤(左)，另外还有二力士左右侍奉。由铭文可知，此龛为元延祐五年(1318)普光圆明大师顺吉祥造。(关野贞文)

由铭文还可知，先帝曾供养僧尼。今上皇为各国僧尼印《圣无量寿经》《四十二章经》《七佛名经》《普贤行愿品》并赐书。为报先帝与今上皇之恩，大师发菩提心，以有限的资财，建造此龛，以报佛恩帝德。这些佛像的姿势、面相、衣纹等在手法上虽然缺乏精练之美，但在元代雕刻中仍属于很少见的作品。(图52-2)(常盘大定文)

图 52-2 · 龙洞 · 大洞外壁造像

西崖两佛龛

龙洞西方断崖上并排两座佛龛，从对面看去左边一座宽三尺一寸，高四尺三寸五分，深三尺二寸五分。内刻有释迦、两罗汉、两菩萨。也是隋代所作，佛像面相丰丽，衣纹遒劲，比例谐调，形态优美。佛龛前面左右两边本有形状奇特的柱撑起莲花拱，但如今左边石柱上部及莲花拱的大部分都已经没有了。

右龛比左龛小，内有立佛一尊，也是隋式风格（图 53-1）。此龛右边岩壁上阴刻有狮子像，非常奇特。（图 53-2）（关野贞 文）

图 53-1·龙洞崖壁·小龛造像

图 53-2 · 龙洞崖壁 · 外壁阴刻

玉函山

玉函山位于距济南城南面二十余里处，又名“兴龙山”。山腹悬崖下建有佛殿僧房，崖腹刻有很多佛像，皆为开皇年间（581—600）所作。只有西北边悬崖上的乾元二年（759）阿弥陀如来像及开成二年（837）弥勒菩萨像为唐代作品。

佛殿后面的悬崖上刻有多尊佛像，虽说排列不很整齐，但大致可分五层。下数第一层最大，共有五座佛龛，每龛各放有三尊佛。第二层有小佛二十七尊，每个高约一尺。第三层右端有三尊佛，主尊高约二尺五寸，小佛五尊，各高约一尺，其中有的佛像上刻有“开皇四年”（584），左方又有菩萨像五尊。第四层有大小十七尊佛像，大的高约二尺，小的高约一尺，其中开皇八年（588）所刻佛像品质最好。第五层右端为三尊佛［主尊高约四尺，开皇七年（587）作］，又有两菩萨［各高约四尺，开皇八年（588）作］，另外有三尊佛［主尊高约三尺，开皇八年（588）作］，次主尊及左侍像一尊［主尊高约二尺五寸，次坐佛高约二尺］。铭文中带有开皇年号的约有二十几处。（图54-1、图55）

图55中右方最下面为第一层，左方最上部为第五层。第一层和第五层之间的诸小佛菩萨像构成中间的三层。（关野贞 文）

图54-2的下部的小龛为第二层，左边中部的一龛为第三层，上部的七座龛为第四层，第四层其中一龛刻有铭文，写着开皇八年（588）罗沙弥为父母造二菩萨像，说罗沙弥造像对面右下方为同年传朗振与妻一起为亡儿造的一尊释迦像。（常盘大定 文）

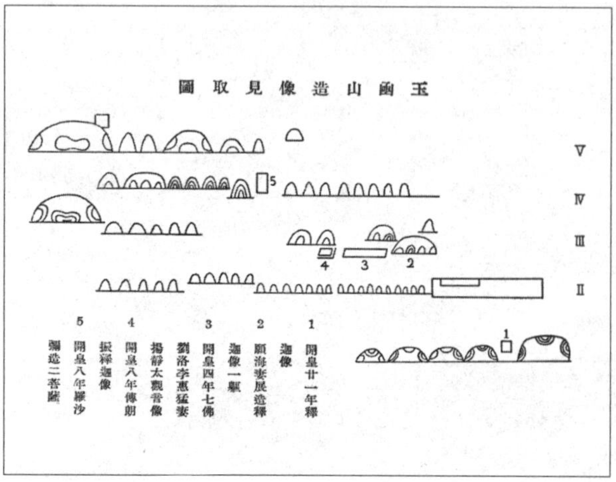

玉函山造像素描图

图 54-1 · 玉函山 · 远景

图 54-2・玉函山・造像

图 55・玉函山・造像全景

第一龛

在最下部第一层右数第一龛内刻有三尊释迦像，无年代铭文，但其面相、姿势以及衣纹样式格外奇古苍劲，大概为五龛中最早修造的，推测为开皇初年的雕刻。释迦两手相合似法界定印状，右菩萨右手持宝珠，左菩萨左手置于胸前。(图 56-1、图 56-2)

图 56-2·玉函山·第一龛·右胁侍菩萨

图 56-1・玉函山・第一龛・释迦三尊

第二龛

内刻有释迦三尊，主尊释迦结法界定印，右菩萨右手举起，左菩萨右手持莲花。佛龛右方上部刻有帐饰，再上部刻有李化成、刘教玉、李村、王朝阳等三十几个名字，大概是开凿此龛时施主们的名字。主尊面相丰美，颇有中印度笈多式的特点，衣纹流畅，体态优美，特别是侍菩萨颇为优美，衣纹皱褶留有北魏特点。这大概是五龛中建造最晚的，为开皇二十年（600）张峻之母桓为亡夫张遵义建造。（图56-3、图57-1、图57-2）

图56-3·玉函山·第二龛·铭文·拓片

图 57-1・玉函山・第二龛・张氏造三尊

图 57-2・玉函山・第二龛・上部雕刻・拓本

第三龛

内有弥勒三尊，建于开皇四年(584)。右侍菩萨右手举起，左手下垂，左侍菩萨右手举起，手持莲花，左手置于下方。(图 58-1、图 58-2)

图 58-1·玉函山·第三龛·右胁侍菩萨

图 58-2 · 玉函山 · 第三龛 · 左胁侍菩萨

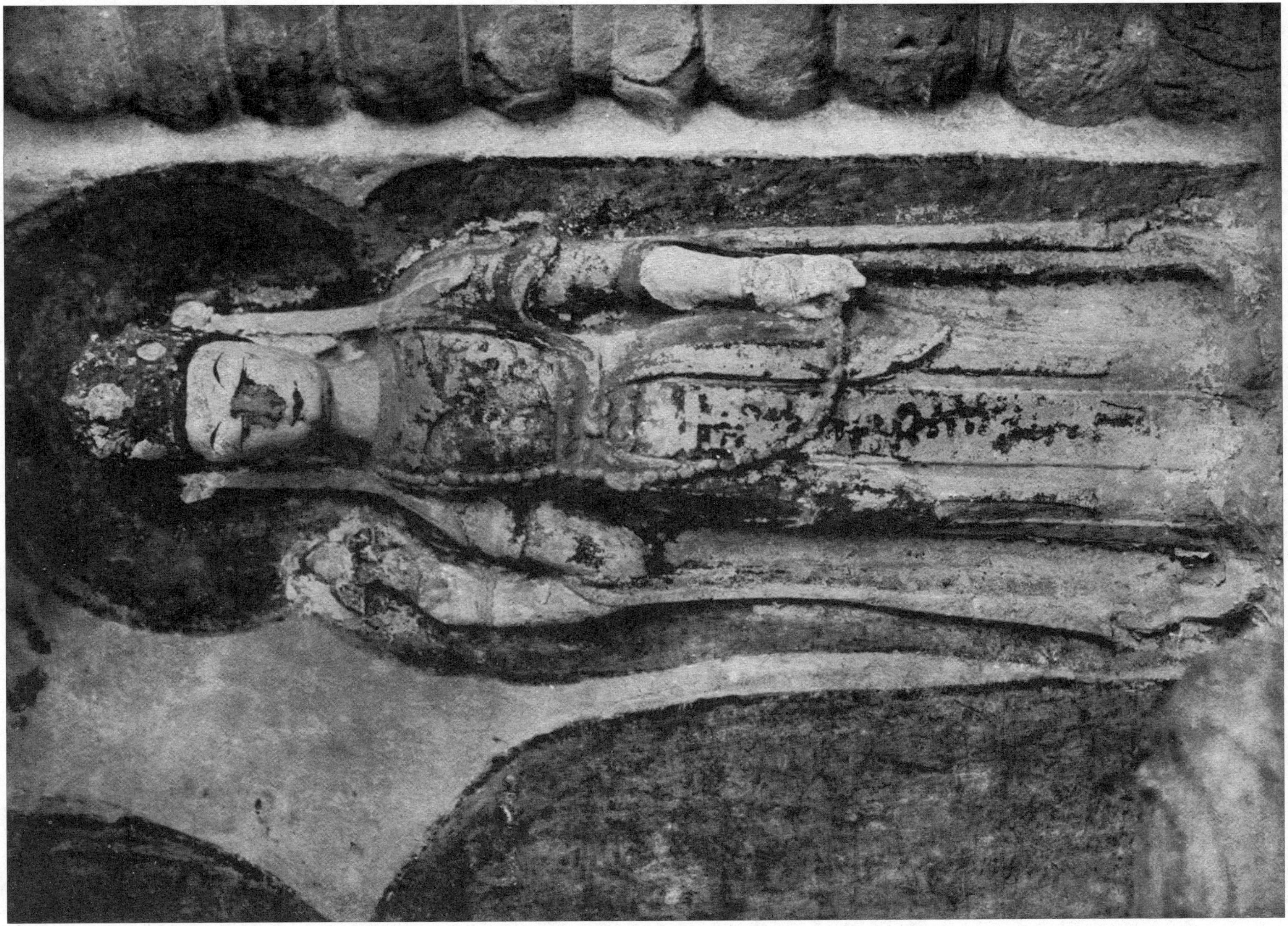

第四龛

开皇五年（585）夏树造弥勒三尊，手法颇为单一，右侍菩萨左手举起，手中应有所持。左侍菩萨右手拿未敷莲花，弥勒两手状似法界定印，但难确定其名称。（图 59-1、图 59-2）

图 59-1·玉函山·第四龛·夏树造弥勒三尊·右胁侍菩萨

图 59-2・玉函山・第四龛・夏树造弥勒三尊・左胁侍菩萨

第五龛

开皇十三年（593）罗宝奴为亡父绍及亡姐阿贰建造弥陀三尊，末尾还特别记载着绍之妻王和女华仁侍佛之事，也许是笃信之情使其下定决心生生界界不离佛旁。弥陀佛的两手也状似法界定印，左右二菩萨没有特别之处，右菩萨右手下垂，左菩萨右手持莲花，仅此而已。雕刻手法简单，衣纹几乎没有刻皱褶。侠侍也是如此，只刻着天衣和璎珞。（图60）（关野贞 常盘大定 文）

图 60 · 玉函山 · 第五龛 · 罗宾奴造弥勒陀三尊

佛峪 | 般若寺

佛峪位于济南城东南三十里处，距龙洞仅四里左右。寺门前立有嘉靖三年（1524）石碑，据碑文记载，寺庙始建于隋文帝建国之初，经唐、五代、宋元至今已经有千百余年，是一座千年古刹。寺内并无值得可鉴之处，但是其雅致的景观及造像，使人流连忘返。

寺东有一块高高的断崖，其山腰处有五尊佛像。据铭文记载，五尊佛像为开皇七年（587）比丘尼静元、清信女赵文姜等敬造，其中释迦像四尊、弥勒像一尊。造像目的为：一、为皇帝。二、为七世师僧父母。三、为现世眷属。四、为法界之形，众生同福。四尊释迦像为坐像，左右排列，于宽大的方龛内。其左边（对面看为右）稍高处的小龛内为弥勒佛椅像，主尊佛左右为罗汉像，破损程度较小，虽显出隋初简约苍劲之风，但近年的粉饰，反而破坏了本来面目，实在可惜。（图61-1、图61-2）

厨房上部左方悬崖处也有一座佛龛，并刻有两尊椅像，姿势稍微僵硬，但面相、衣纹简约有力。而且没有经过后人加工，令人欣慰。（图62）

寺院内有一个洞窟，里面虽然有佛像，但是洞窟被用做了厨房，由于破坏加烟熏，已经不值一看了。（关野贞 文）

图61-2·佛峪·般若寺·铭文·拓本

图 61-1・佛峪・般若寺・崖壁造像

图62・佛峪・般若寺・造像

千佛山

千佛山位于济南城东南约六里处的历山上，寺称“兴国寺”，山崖上有佛像众多，因此又叫“千佛山”。(图 63-1)

通过铭文可知，此山造像分别由邓景茂建于隋开皇七年（587）、李景崇建于开皇十年（590）、杨文盖等建于开皇十三年（593）。除此之外，另外刻有开皇铭文的佛像还有六座，但悉数都受到了破坏或粉刷，失去了本来的面目。

外门内崖壁上的佛像破坏程度最厉害，唯有铭文保留完好。(图 63-2) 中门内崖壁上的佛像虽然稍微保留着旧时的模样，但悉数都受到了粉刷，样子俗不可耐。(图 64-1)

千佛山上的铭文大大小小共有七八个，皆为隋代所刻。其中一块为李景崇建造阿弥陀佛像时所刻(图 64-2)，另外一块为杨文盖建造弥勒佛像时所刻(图 64-3)。两者都是为了：一、为皇帝陛下。二、为父母师僧。三、为一切众生同受鸿福。

中门内造像中，原状态保持较好的是最左边上下二层，其中下层的七尊佛像保存最为完好。由铭文可知，七尊佛像中最左边一尊为吴氏造阿弥陀佛像。(图 65-1)

吴氏所造阿弥陀佛像姿势端正，形态比例得体，面目衣纹虽有北魏特色，但简约之中又散发出自然洗练之美。(图 65-2)

图 63-1・千佛山・远景

图 63-2 · 千佛山 · 崖壁造像

图64-2・千佛山・李景崇造阿弥陀像铭・拓本

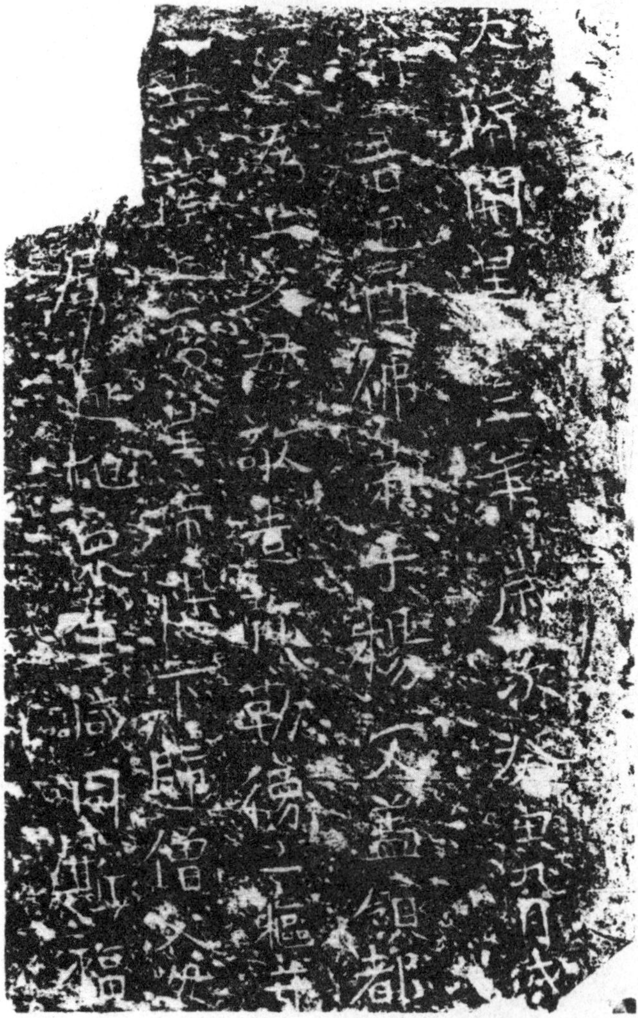

图64-3・千佛山・扬文盖造弥勒像铭・拓本

图 64-1・千佛山・崖壁造像

图 65-1・千佛山・崖壁造像

图 65-2 · 千佛山 · 吴氏造阿弥陀像像

开元寺

开元寺位于济南城东南约十里处的大佛头峰下。据说旧称“佛慧山寺”。后周世宗显德元年（954），居住于此的义楚禅师曾献上《释氏六帖》，获赐紫袍，得“明教大师”号。开元寺本来在城内，明永乐年间（1403—1424）被移至历山，如今以文昌堂为中心，内置释迦、老子、孔子三圣像。

寺后山腰为悬崖峭壁，峭壁上造有多座石龛，大部龛内都刻有石佛，只是都经后人加工粉饰，已经面目全非，只有一小部分还保留着原来的样子。大概因为很少有人前来观看，荒芜了也不值得一修，所以才得以保留了原来的样子。

图 66 和图 67–1 是经过加工粉饰的，图 67–2 因为无人理会，反而保留住了原来的面目。（常盘大定 文）

开元寺附近的断崖高处有一大佛，因为此佛，这座山又被称作“大佛山”，或者“大佛头峰”或“佛慧山”。

岩壁上刻着“齐州大佛寺、自宋景祐二年（1035）正月十五，命匠人□三重铸大佛头，至景祐三年（1036）丙子岁六月戊申朔举”等。下面还刻有与佛门结缘的僧尼俗人的名字。从这些刻文还可以了解到，此佛头从景祐二年（1035）正月开始雕刻，至景祐三年（1036）六月为止，总共花费约一年半的时间。佛头宽十一尺，高十五尺，颇为壮观，各部分比例相宜，面相温文尔雅，处处显示出宋代样式的特点。（图 68）（关野贞 文）

图 66 · 开元寺 · 崖壁造像

图67-1·开元寺·崖壁造像

图 67-2 · 开元寺 · 崖壁造像

圖 68・大佛山・大佛

山东青州

QINGZHOU CITY OF SHANDONG PROVINCE

CHANGQING COUNTY OF SHANDONG PROVINCE

LICHENG DISTRICT, JINAN CITY OF SHANDONG PROVINCE

QINGZHOU CITY OF SHANDONG PROVINCE

ZICHUAN DISTRICT, ZIBO CITY OF SHANDONG PROVINCE

云门山

云门山位于青州府城南十里处，山顶巉岩峭壁，上面有一座祠庙（图69-1），断崖南面有一个洞门，这就是云门山得名的原因，门上题刻“云门山”三个字，而且其上方刻有两行字，“云门山大云寺”。可知这里即是原来被称为大云寺的伽蓝所在地。（图70）

寺门西面的岩壁上开凿有两座佛龛。在此暂且把位于西面的称第一龛，东面的称第二龛。（图71）

图69-1·云门山·北面远景

图 70 · 云门山 · 云门上部

图71·石门山·第一龛及第二龛

第一龛

宽约十六尺，高约九尺，所刻中间主尊为释迦坐像，左右侍像为菩萨立像，前面两旁是一对金刚力士像。佛龛内壁刻上有三十尊小佛，都是隋代所作，小佛上分别刻有开皇十七年（597）、十八年（598）、十九年（599）等的造像铭。（图 72）

主尊、侍像的样式相似，应同是开皇年间所作，主尊面部面长额窄，眉昂，眼大鼻高。嘴角下沉，耳大带孔，双下巴，颈部刻有两条横线。面相浑朴，气度不凡。体格魁伟，衣纹颇简劲，虽然面部、两手、左膝稍有破损，但是充分地反映出了当时的雕刻样式。大佛身后有宝珠形背光。（图 73）

侍菩萨像脸部左边有破损，右边较完整，样态几乎与主尊相同。姿态高挺整齐，衣纹线条简劲，天衣展于身体两旁，处处可见隋代遗风。（图 74）

龛壁上的小佛都置于尖拱龛内，一龛一佛，或一龛两佛，或一龛三佛，只有一尊倚像佛，雕刻手法都非常简练。（图 75-1、图 75-2）

前面两旁的一对金刚力士像已经失去半身，头部左边及两手也都有破损。

第一龛的铭文值得一看。

唐潘妃造无量寿佛

大隋开皇十八年（598）、无量寿佛

开皇十九年（599）王于妃侍佛时

故人王昨敬造无量寿像

开皇十九年（599）

开皇

铭文右下端的三尊佛上又有唐代铭文，内容如下：

天宝十二载（753），造弥陀像一躯，造定光像一躯

佛龛下方铭文上有五代广顺三年（953）云门山重妆龛功德记的铭文。

图 72 · 云门山 · 第一龛 · 全景

图 73・云门山・第一龛・本尊

图 74 · 云门山 · 第一龛 · 右胁侍菩萨

图75-1・云门山・第一龛・壁刻小佛・右方上三躯及下方三尊

图 75-2 · 云门山 · 第一龛 · 壁刻小佛 · 左方上七躯

第二龛

佛龛宽约十二尺，高约十五尺。现在主尊已经没有了，只剩下两侍菩萨像和龛壁上的二十四尊小佛。（图 76）

左右侍菩萨像从样式上看也是隋代所作，可以说是隋代具有代表性的杰作。右侍像面目端丽，姿势优雅，宝冠佩钏以及石带，手法颇为优美，莲座的刻法也非常雄健。左侍像只失去了脸部和两手，其他部分的形式和右侍像相同。（图 77-1、图 77-2、图 78、图 79）

这尊菩萨的石带上刻有裸体妇人的图案，反映了隋代的佛教观，应视为非常重要的资料。当时人们不满足于隐遁式的出家佛教，认为应该将教义普及，裸体妇人的图画正是试图将大乘佛教渗透到现实生活中的反映。（常盘大定 文）

龛内的小佛像虽然手法简单，但形态比例优美。龛外右边小佛十七尊，左边小佛十尊，都是隋唐时期的作品。（图 77-1、图 77-2）

第二龛的小佛像之间有“比丘尼世僧造像”以及像主杨顺的铭文。龛外左方下部的三尊佛上有铭文“大唐天宝十二载（753）、清信士王□恭、敬造卢郍像”。佛龛下方刻有宋至道三年（997）的铭文，但是难以阅读。（关野贞 文）

石门上方还有两座佛龛，这里暂且把东边的一龛叫作第五龛，西边的一龛叫作第四龛。

云门山第二龛右侍像菩萨石带拓本

图76・云门山・第二龛・全景

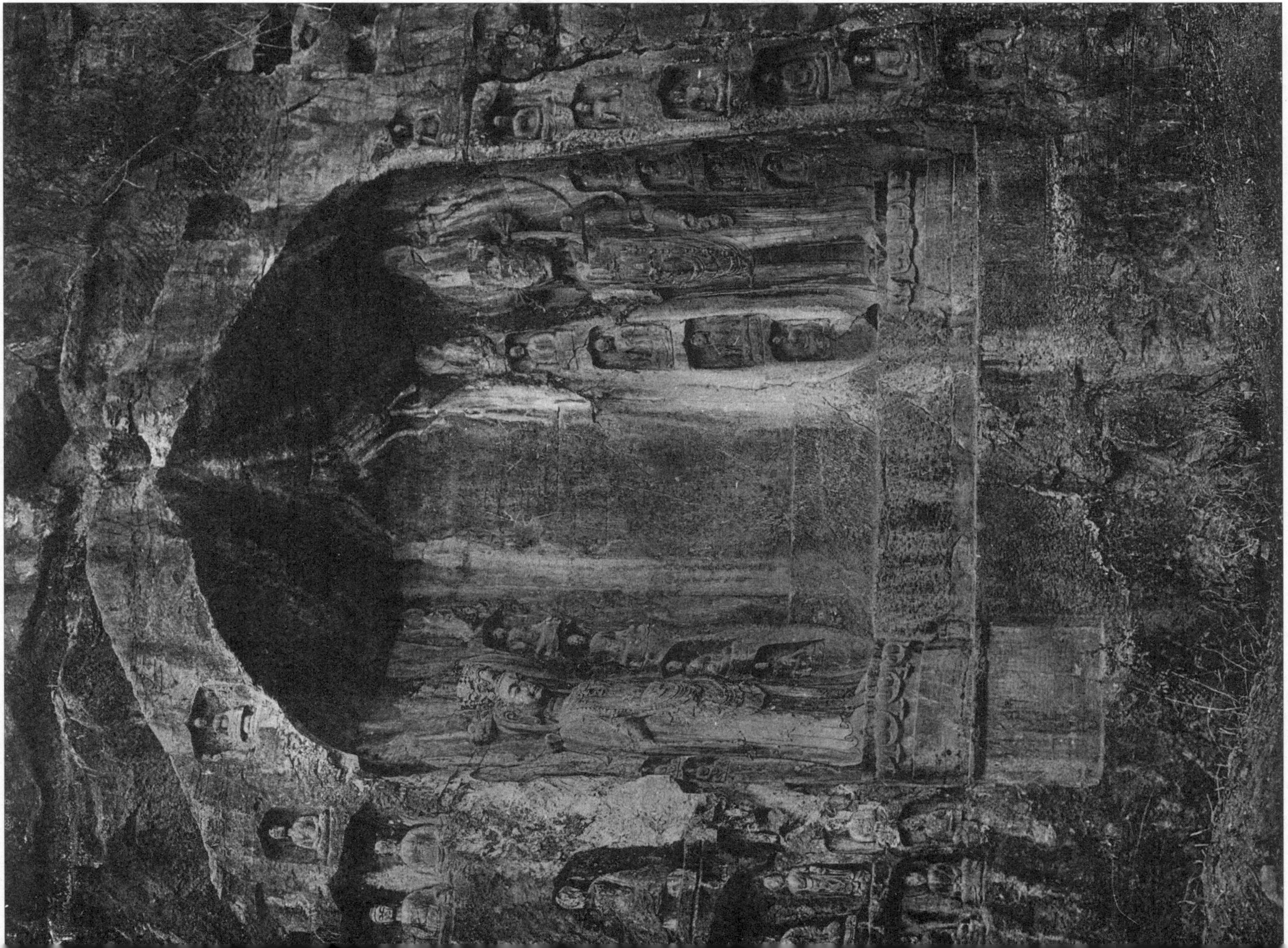

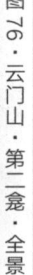

图77-1·云门山·第二龛·右胁侍菩萨及壁刻小佛

图 77-2 · 云门山 · 第二龛 · 左胁侍菩萨及壁刻小佛

图 78 · 云门山 · 第二龛 · 右胁侍菩萨 · 头部

图 79・云门山・第二龛・右胁侍菩萨・下半身

第四龛

佛龛方约五尺五寸，大体和第五龛的佛像相同，后壁有主尊（倚像）、两罗汉。左右壁上刻有两菩萨、金刚。没有造像铭，但应与前者建于同一时期且样式相似。（图 80-1）

再往西边稍远处有一佛龛，比前面两龛稍大，宽约六尺，深约七尺，顶高约五尺，后壁为主尊（倚像）及两罗汉，左右壁上刻有两菩萨、金刚，菩萨与金刚之间放着供养人物小像。这座龛大概也是和前面两龛建于同一时代。此龛对面左方岩壁上有唐天宝十二年（753）维那头聂的造像铭。（常盘大定 文）

第五龛

这是一座方五尺、高约四尺五寸的小龛，主尊为释迦倚像，左右两罗汉，两侧壁上有两菩萨、金刚。另外龛内的壁面上刻有千面小佛。主尊虽然失去了脸部，但坐于方座，两脚下垂，体态丰满，透过薄衣可见下肢方座，显示出受中印度笈多风格的影响，与前者风格完全不同。方座下有坛，延壁环绕三面。其前面刻有一茎两头的莲花，承托着主尊的双腿。莲托两旁为供养人物造像。龛内坛上的造像铭文上说：开元十九年（731）岁次辛未□丑朔十五日辛卯毕功。由此可知，这个石窟造于开元十九年（731）。

佛龛顶部稍呈穹状，不见任何装饰，这座佛龛总的来说手法颇为简朴，稍带有一些野趣。（图 80-2）

图 80-1 · 云门山 · 第四龛 · 本尊

图 80-2 · 云门山 · 第五龛 · 本尊及壁刻千佛

陈希夷像刻

青州云门山北头有一个洞，洞里刻有一座陈希夷卧像。洞口上部题刻“陈希夷、崇祯甲戌（1634）”，因此卧像应为明代崇祯甲戌年间所刻。卧像头枕《全丹正理大全书》，该像虽雕刻技法不精，但作为推想全山道教化时代情况的资料，还是很有意思的。洞很小，仅能容下一座像，所以只能从洞口处拍照，而拍不到整个造像。陈希夷，名抟，为华山隐士，五代或宋初人，后周世宗显德三年（956）皇上下诏华山隐士陈抟，问以飞升黄白之术。陈抟答曰：“陛下为天子，当以治天下为务，安用此为？”可谓高见卓识。

自隋唐经五代直到宋初年间佛教盛行，这期间道教受佛教的刺激，也发展健全，因此才会出现陈抟这样的道家隐士。后来宋太宗又召见陈抟，赐名希夷先生，由此陈希夷的大名在道教圈内广为人知。河南省鹿邑县城东门内的老子升仙台的外门上，榜题“众妙之门”，右柱题写“孔子问礼处”，左柱题写“宋陈希夷先生故里”。陕西华山的洞窟里有其横卧石像不足为奇，而山东云门山石窟里也有其横卧石像就说明道教普及之广了。

陈希夷作为宋代理学思想的发起人，很受道家重视。他从麻衣道者那里得到周易真传，又精心研究《河图洛书》，解读周易奥秘，他的功绩前无古人。麻衣道者所述的《正易心法》共四十二章，其理穷极天人，历诋先儒之不足，相传陈希夷是最早为它加注的人。（常盘大定 文）

图 81-1・云门山・陈希夷像

马丹阳像刻

云门山北方西边的岩壁上，线刻有马丹阳像。左边刻有“马丹阳祖师打坐真相”，右边上部刻着“净意子、王西祁、冀阳书”。上面没有年代，但一般认为大概是元代所作。与陈希夷像相比，做工好得多了。大概此壁刻时代以后，大云寺的势力逐渐转移到了道教，到了今天大云寺完全成了道教的天下。元时全真教徒占领了许多佛教寺，激怒了佛教徒，后成为了公仪，最后朝廷命令道教徒把佛教寺还给佛家，并且把道教徒的经烧掉了。云门山上的马丹阳像和陈希夷刻像不由让人回想起这段历史，两像反映了中国民间信仰的变迁，实在是令人兴趣盎然。

马丹阳为山东宁海州（今山东莱山区、牟平区）人，原名从义，字宜甫，金大定七年（1167），追随王重阳入了佛门，后改名钰，字玄宝，得称“无为清净真人”或“抱一无为真人”。后继承王重阳衣钵，被仰为全真教第二代祖师，弟子众多。据《长春道教源流》第一卷记载，马丹阳的著作有诗歌集《渐悟集》二卷、《洞玄金玉集》十卷、有论述生命至理的《金丹诀》《语录》《神光璨》一卷，另外还有《行化集》《丹成集》《成道集》《精微集》等。

丹阳出家之前有妻孙氏和三个孩子。他初次遇见王重阳时，听王重阳讲“五行不到处，父母未生时”，大为心服，从此从师于王重阳。他先在山东昆仑山烟霞洞从师修炼，王重阳仙逝后，与三道友一起来到关中，晚年将在关中地区的教事托付给邱长春，经由济南，东归至昆仑山，并全力开创遇仙派。其教义曰“静坐以调息，安寝以养气”，又曰“心不驰则性定，形不劳则精全，神不扰则丹结”。调息与定性都为禅，养气与丹结为道家。遇仙派一直认为道教中加入禅的思想可以更好地得到净化。丹阳之妻孙氏也出家得道，号孙清净，居全真道七真人之一。（常盘大定 文）

图 81-2・云门山・马丹阳像

大云寺主僧守忠传碑

云门山有一处被凿开的崖壁，上刻“大云寺主僧守忠传”碑。碑的四周刻着唐草图案，碑约六尺乘五尺，左方为宋代题名，字体为正书，工整严谨，但多处有些磨损，很难认清全文，令人遗憾。碑文大概内容如下：

守忠籍贯沂州沂水县，俗姓霍，大中祥符（1008—1016）六祀夏四月初，父母听许出家。斯地聆惠上人礼行清廉，姓严洁，绍业精研，性情整肃，守忠拜已为师。头陀苦行，跣足数年，历尽艰辛，不知疲倦。至天禧五年（1021），幸得真宗皇帝特降圣恩，遇普渡，便授具戒。即蒙披剃，发愿心，化导诸方，葺修兴建，雕镌刻镂，丹青焕赫，粉绘圆明。四季花，千年竹，一城官吏闲乘鼓吹，满郡檀那，威风之极，轮蹄辐辏，士女便阗，聚会登临，

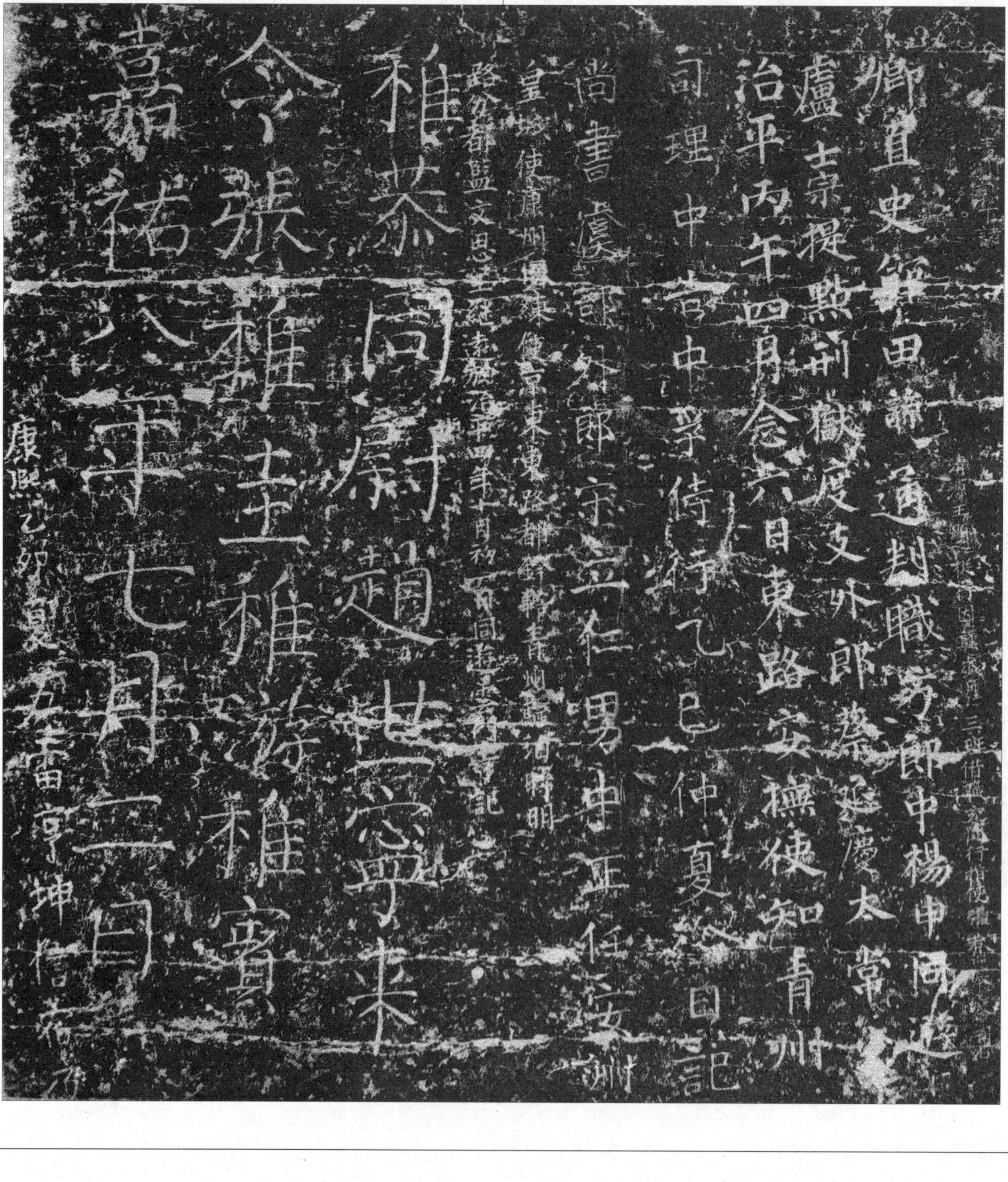

竞齐香供，斗罗、幡盖、宝帐、花幢、腊炬、香灯、异花珍果、点照三元，焚修六时。凿山沙门，计度□七八千功，穿石造井，费用近□十万金，十方出之，□因众力。皆衷诚心，以实立功。更无师词，直书聊以自纪排蒙，曹大尉特小师守忠继续□门，奏愿皇帝万岁。云云

碑文最后写着：

沙门比丘僧守忠、齐□一百万心，酬愿天下太平风云云，祈愿文落款处写着年号：嘉祐□□四月十五日。

碑左有宋代题名四条、清代题名一条，内容如下：

嘉祐八年（1063）七月二日，令张稚圭、稚游、稚宝、稚恭、同尉赵世宁来

治平丙午（1066）四月念六日，东路安抚使知青州卢士宗，提点刑狱度支外朗蔡延庆、太常□卿直史馆田谆、通判职方朗中杨申同游

尚书虞部外朗宋立仁、男中正任、安州司埋中告中孚侍行、乙巳仲夏八日记

皇城使康州□练使京、东路都铃辖青州□□时、明路分都监文思王继远、于治平四年（1067）十月初一日同游云门寺记

康熙乙卯（1675）夏□雷亨坤信宿乃□

从前述的传记来看，宋代时期，守忠重修云门寺，使其极具轮奂之美，又修建石窟，使云门寺成为天下一大观，因而刻此碑以颂扬其功绩。文中所说的“凿山沙门”“雕镌刻镂”“丹青粉绘”指的应该是修建寺门和石窟时的情景。（常盘大定 文）

图82 · 云门山 · 大云寺主僧守忠传碑 · 拓本

驼山

驼山位于青州府城东南一里多处，隔溪与云门山相望。现在山巅的崖壁上有大小六座佛龛，建于隋唐时代，龛内佛像堪称杰作，难以在隋代佛像中找出与之比肩的了。(图 69-2)

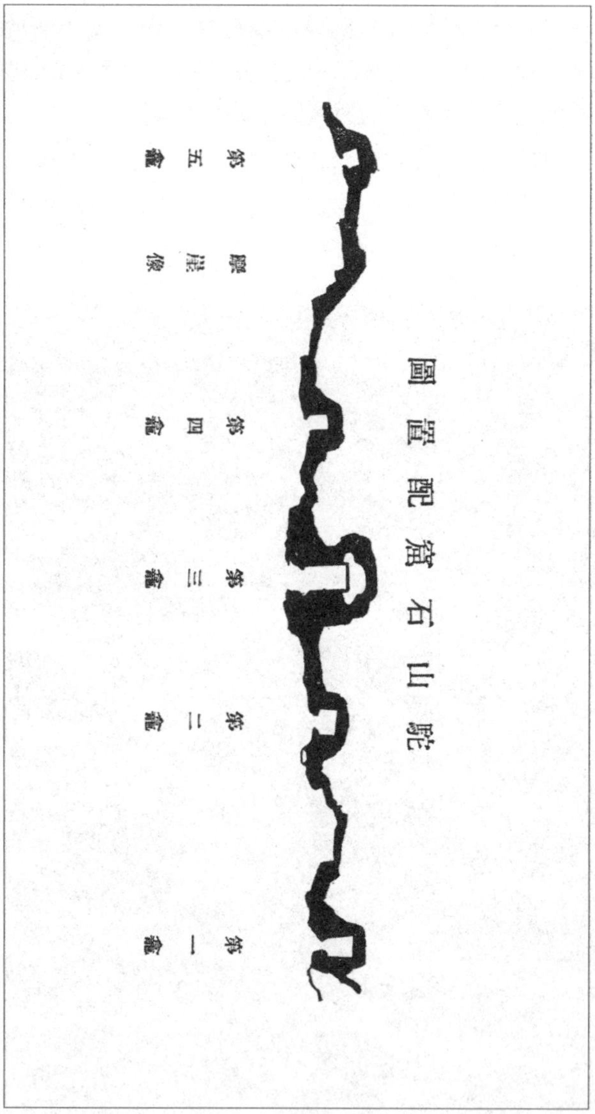

驼山石窟总配置图

图 69-2・驼山・南面远景

第一龛

位于最左边（对面看右边）。此龛是驼山佛龛中唯一一座唐代作品。龛平面为长方形，宽七尺二寸三分，长十二尺六寸二分，靠中央后壁的方座上有主尊释迦的坐像、左右两罗汉像、左右石壁上两胁侍菩萨像，还有两菩萨、金刚以及小佛龛和佛菩萨像。（图83）

右壁前方的菩萨和金刚之间有一座小佛龛，里面刻有五尊佛像、金刚、两狮子，上有一座舍利塔、二飞天，下有四人供养图，还有“长安二年（702）十月十九日李怀膺造”的铭文（图84-2）。另外右壁的中央有一座稍大一点的佛龛，刻有五尊佛、两化佛、一座舍利塔、二飞天，下面有一人托座。两旁刻有金刚、狮子及供养者二人图，此龛也有“长安二年（702）七月五日尹思贞造”的造像铭（图84-1）。这座佛龛的左边又有一座小佛龛，刻有一座立佛，左右两胁侍菩萨。左壁上有两座小龛，前方的小龛中为一尊坐佛像，后面的佛龛中为一尊立菩萨像，其下有两小儿跪拜像。有造像铭为“长安二年（702）三月廿日任玄览造”。由此可知，第一龛造于长安二年（702）。（常盘大定 文）

主尊高三尺七寸，比例协调优美，面颊饱满，朵颐丰厚，额窄眼长，纯然一幅唐代风貌。衣纹曲线遒劲，体格透衣可见，胸前装饰奇特。主尊座下有两狮，中间似有香炉存放的痕迹，但已经破损，是否存在尚不能确定。（图83、图85）

两罗汉高三尺一寸五分，头部大得出奇。胁侍菩萨高约四尺四寸，比例协调优美，面相丰丽，优于主尊。衣纹线条优雅秀丽，特别是胸部的饰物使用了宝相花纹，出自最精美的手法。与主尊同样都明显地显示出唐代的样式，与其他隋代的佛龛大不相同。其他的佛像、菩萨、金刚等也都显示出唐代的特色，但是其中很多都已经破损了。（图86-1、图86-2、图87）（关野贞 文）

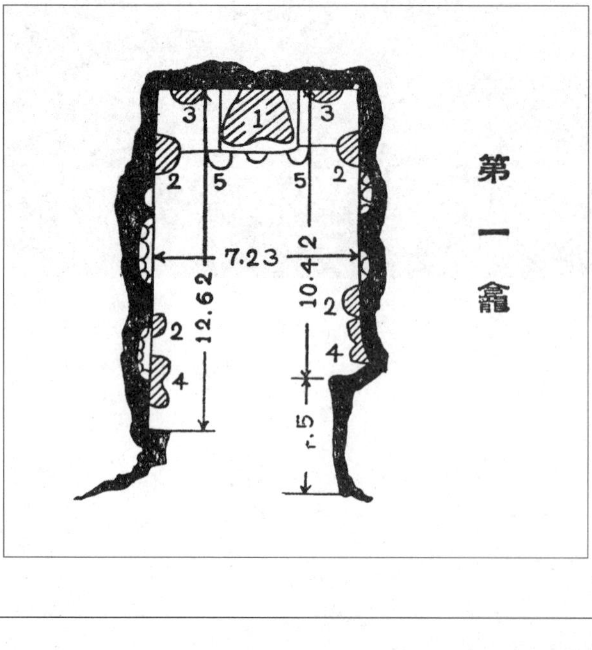

驼山石窑配置图·第一龛

图 83・驼山・第一龛・五尊

图 84-1・驼山・第一龛・壁刻・尹思真造像

图 84-2 · 驼山 · 第一龛 · 壁刻 · 李怀膺造阿弥陀一铺

图 85・驼山・第一龛・本尊

图 86-1・驼山・第一龛・右胁侍菩萨

图 86-2・驼山・第一龛・左胁侍菩萨

图 87・驼山・第一龛・左胁侍菩萨・上半身

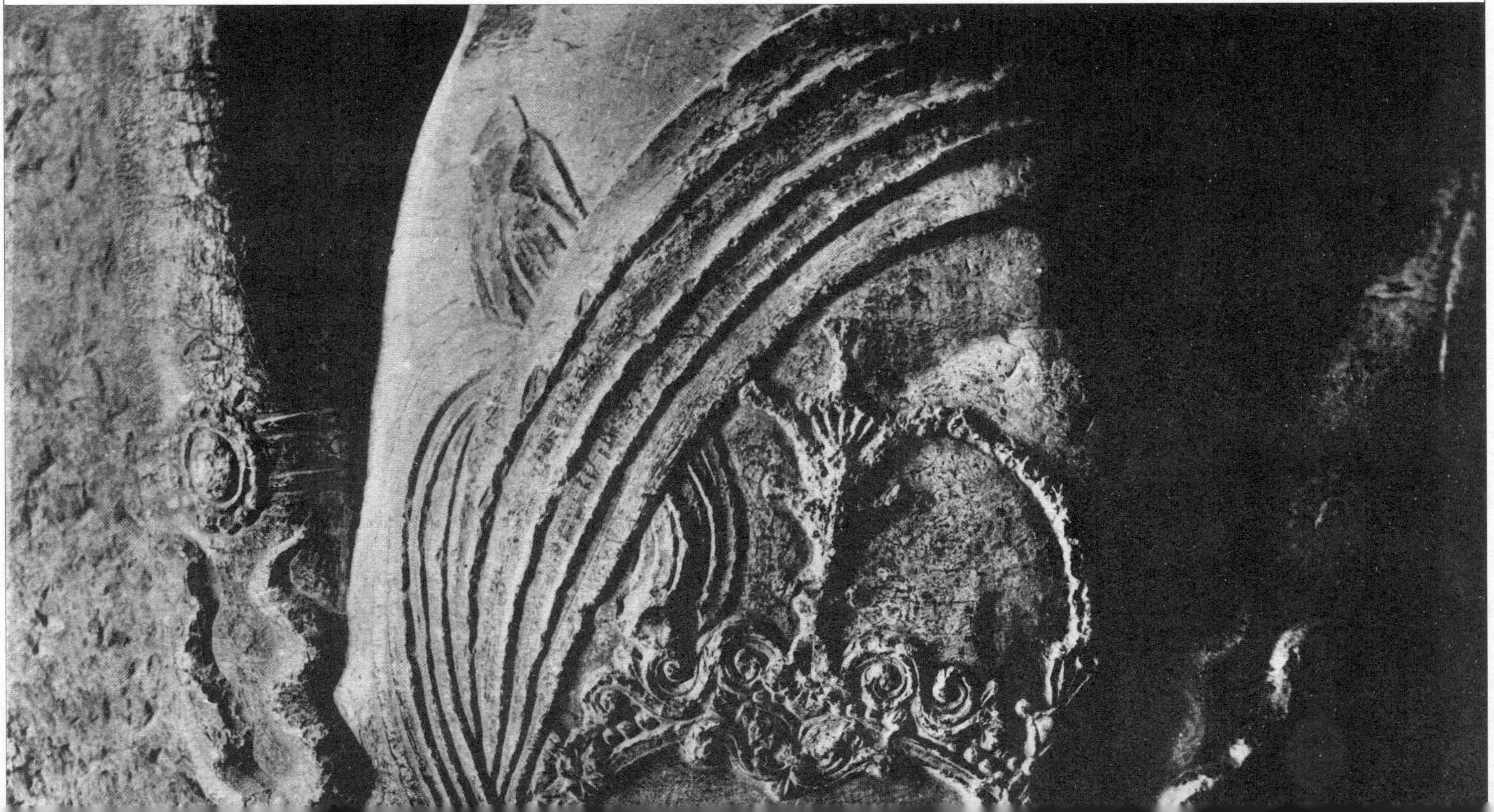

第二龛

第二龛中有驼山佛龛中最美最好的雕像，龛宽九尺五寸，深九尺七分，顶高约十三尺。中央后壁圆座上为主尊释迦如来的坐像，左右壁上为胁侍菩萨立像，四面壁上刻有大大小小多尊佛菩萨像。（关野贞文）

后壁主尊右方有三十一躯、左方二十七躯，左壁四十二躯，右壁四十七躯，前壁入口处右十七躯，左十六躯，多数为小坐佛，但其中也有三尊佛及高约二三尺至四尺左右的立佛或菩萨，皆为优秀之作。

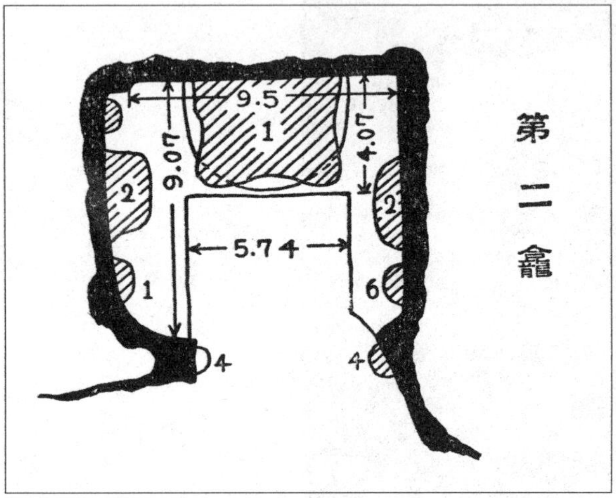

驼山石窑配置图·第二龛

入口左右两侧有金刚浅浮雕，再往左又有三座小佛龛内刻七尊小佛。（图88）（常盘大定 文）

主尊头部稍大，手及膝部偏小，但是面廓丰圆，风姿温丽，大概为隋代的杰作。衣纹比较简单，台座呈圆形，前设有三小龛，中央为三尊佛，左右各刻有一佛，衣裾覆于座上。台座上有铭文："像主张小叉敬造、像主叉妻吕敬造"。（图88、图89）

左右两胁侍显示了极为成熟的北魏手法，在我们所见过的隋代雕刻中没有能够与它媲美的。佛像姿势优美，比例优美协调，面目秀丽，富有表现之美，衣纹线条简练干净，遒劲有力，宝冠佩饰手法洗练，犹存北魏风格，而尚无唐代风格的萌芽。龛内没有年代铭，但从其风格来看应为隋初所作（图90-1、图90-2、图91、图92）。左胁侍旁边有一供养人物立像，也许是还愿人，人物身上的胡服令人感兴趣。（图94-2）

龛内左右壁上的众多造像中，有一尊稍大的立佛菩萨像。其中主尊左右的两立佛（图94-1）及左壁上一立佛、一立菩萨像最为上乘（图93），皆面目端庄秀丽，姿势整齐，衣纹简劲，为隋代雕刻中最为出色之作品。入口左右两侧浅浮雕有金刚像，相貌形态值得一看，但都严重磨损。（图90-1、图94-3）（关野贞 文）

图 88 · 驼山 · 第二龛 · 本尊

图 89・驼山・第二龛・本尊・头部

图 90-1 · 驼山 · 第二龛 · 右胁侍菩萨及壁刻千佛并右方金刚力士

图 90-2 · 驼山 · 第二龛 · 左胁侍菩萨及壁刻千佛

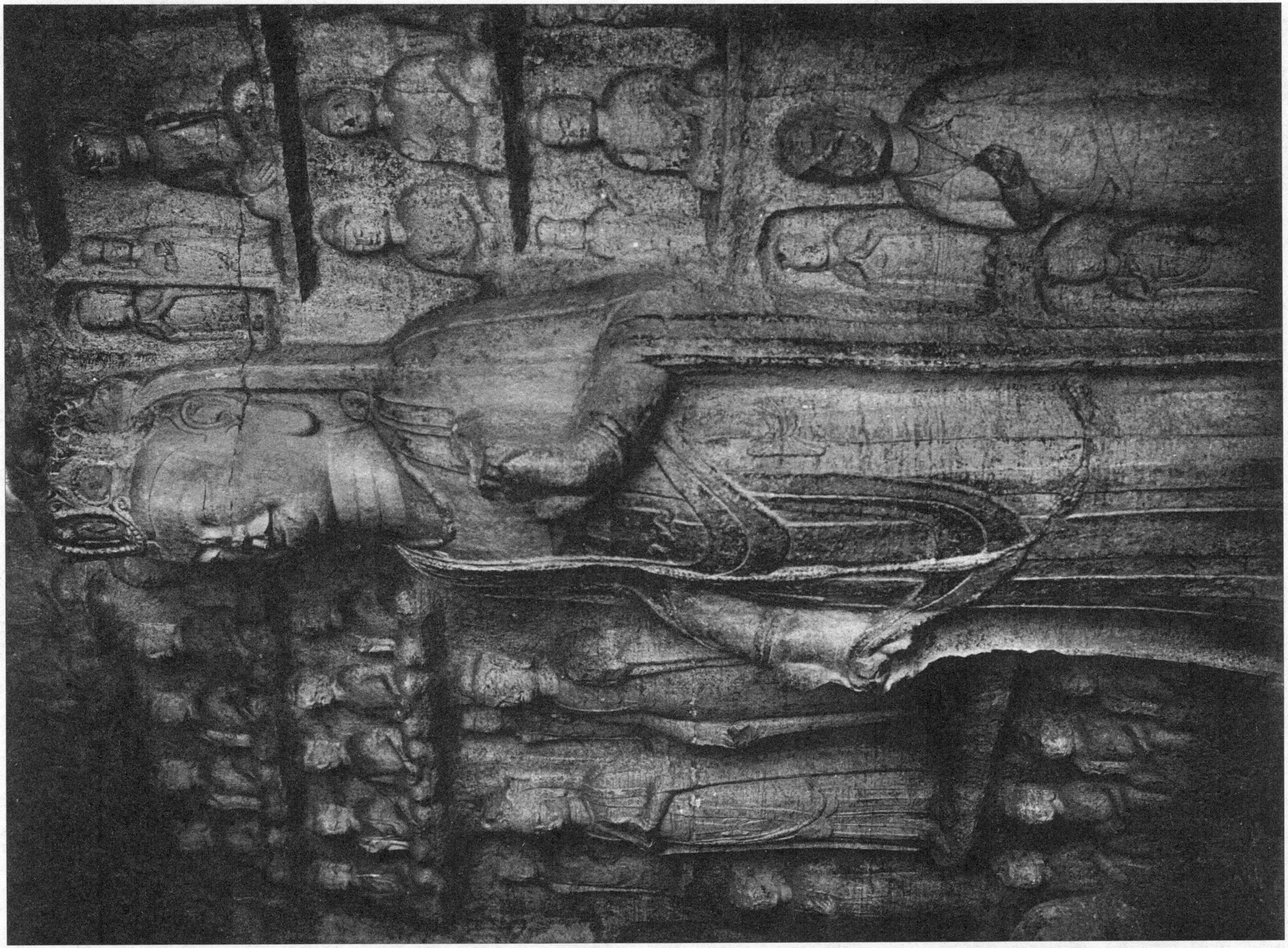

图91 · 驼山 · 第二龛 · 右胁侍菩萨 · 头部

图92・驼山・第二龛・左胁侍菩萨・头部

图 93 · 驼山 · 第二龛 · 本尊左方壁刻 · 佛菩萨

图94-1·驼山·第二龛·本尊左方壁刻·二佛

图 94-3・驼山・第二龛・金刚力士

图 94-2・驼山・第二龛・左胁侍菩萨左方壁刻・供养者

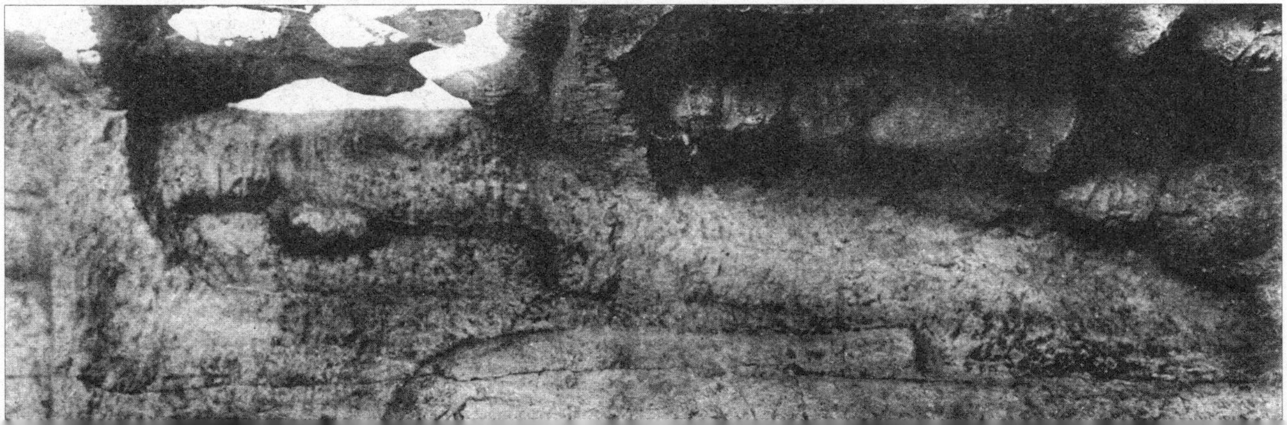

第三龛

第三龛是驼山佛龛中最大且最重要的一龛。龛入口宽十尺七寸，内稍宽，中央后壁为主尊释迦坐像，刻于方座之上。其左右壁上各有一龛，内部置有胁侍菩萨立像，此处为佛龛内最宽处，约十七尺九寸七分，从龛口到后壁深约二十三尺，如今佛龛的上部已经破损掉落了。（图 95-2）

主尊释迦的大像趺坐于方座上，衣裾遮座椅上部，座前上部刻有一列小佛，下部刻有一列小佛龛。现在小佛龛几乎都被埋没了。如今座高约三尺七寸，当初应该比现在至少再高出三尺。坛中央刻着两行文字：“大像主青州总管柱国平桒公”。（关野贞 文）

平桒公是何许人不得而知，但是青州总管是后周建德六年（577）所设，隋开皇十四年（594）废除，所以这坐像应该造于建德六年至开皇十四年之间，而且从其形式来看，判断其为隋初所刻最为妥当。（常盘大定 文）

主尊面目丰圆，头部稍低，额窄，有白毫的痕迹。眼睛呈杏仁状，鼻梁高挺，鼻翼小，口亦小，面颊丰满，朵颐丰厚，颈粗无横线，耳大但平板，面相丰丽温雅，呈现成熟的北魏风格。佛像头大，肩部挺拔，胸部突出，膝低，手部采用写实手法，手指纤细美丽，衣纹简单无皱褶。唯有遮搭在座椅上的衣裾优美且上刻有复杂的皱褶。（图 95-2、图 96）

两胁侍菩萨像面相与主尊相似，但头戴宝冠，身佩玉佩，更为优美。衣纹简单稳健，整体来看，比例协调程度不高。（图 97-1、图 97-2）

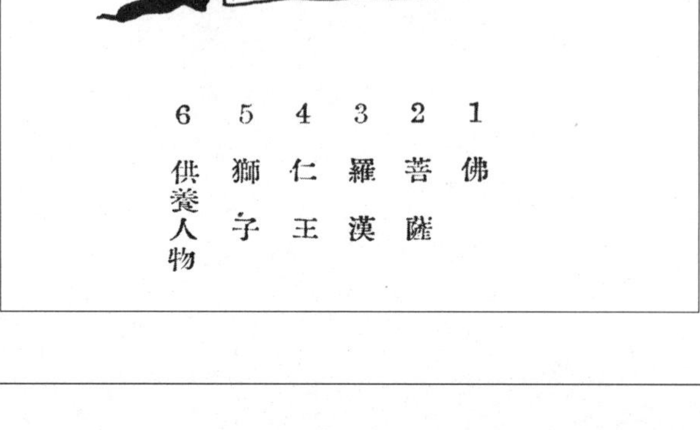

驼山石窟配置图·第三龛

图 95-1·驼山·第三龛

佛龛内外的石壁上刻有许多小佛，即佛龛内部主尊右方七十七躯，左方九十七躯，佛龛外部两胁侍菩萨前方右壁上现存七十八躯，左壁七十六躯。这些外部的小佛上大都刻有像主的名字，但是都没有年号。小佛像手法简单，但比例协调，大部分为坐像，只刻有少数几尊倚像和三尊佛。（图 97-1、图 97-2）（关野贞 文）

图 95-2 · 驼山 · 第三龛 · 本尊

图96 · 驼山 · 第三龛 · 本尊 · 上半身

图97-1・驼山・第三龛・右胁侍菩萨及壁刻千佛

图 97-2 · 驼山 · 第三龛 · 左胁侍菩萨及壁刻千佛

第四龛

这是一座宽六尺六寸三分（入口处）、深约六尺五寸、顶高约六尺的小佛龛。佛龛后部岩壁中央刻有主尊释迦的倚像，左右两侧的岩壁上刻有两胁侍菩萨像及两力士像。后壁主尊的右上方和左下方各有一座稍大一点的佛龛，里面各放有三尊立佛，右佛龛的左右两边有供养人物小像。右壁下面又有两座更小的佛龛，内各置一坐佛。左壁上也有一小龛，刻有十佛一菩萨，其左边有一座类似女神像的造像。

左右侧壁上刻有多尊小佛。右壁六十一躯，左壁三十三躯。顶部雕刻着蓝绿色的雄健忍冬图案，极为珍奇，但大半都已经剥落。

此佛龛内佛像破损程度极为严重，没有一尊佛像的面部是完整的。从样式上来看，明显为隋初的雕刻，但是手法很简朴。（图98）

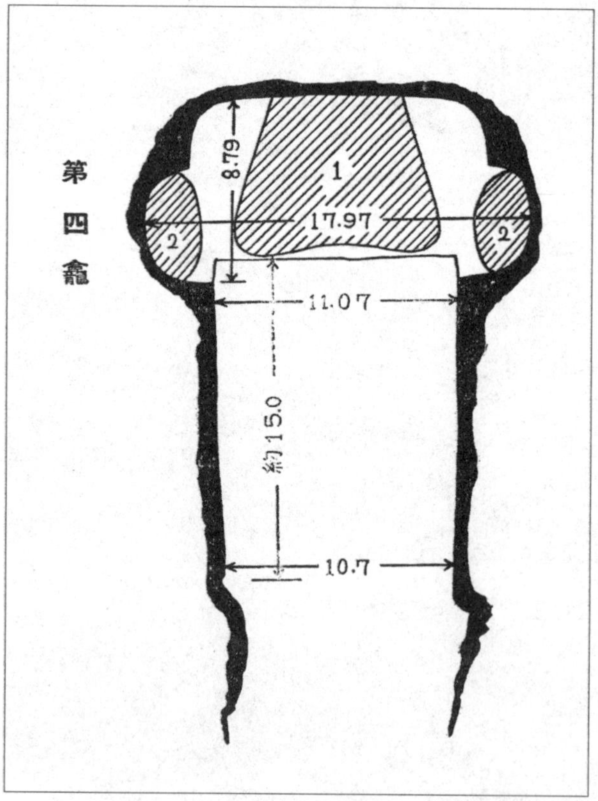

驼山石窑配置图·第四龛

图 98 · 驼山 · 第四龛

摩崖像

第四龛与第五龛之间有摩崖造像。就是凿刻在岩壁上的十几尊佛像，其中主尊为释迦的倚像，头部和两手都已缺损。其左右为两菩萨、两罗汉。右罗汉之上有一小佛，再在其右为一尊大立佛像，再上部并排刻有四尊小佛像。右边第一小龛内为一尊坐佛，第二小龛内为三尊佛，第三小龛内又是一尊坐佛，第四小龛内为三尊佛。第四小佛龛的主尊为一尊倚像，两胁侍像为半珈像，非常罕见。这些雕刻都没有造像铭，但从样式上看，明显为隋初所刻。雕刻手法古拙简朴，再加上上千年的风雨侵蚀，损坏程度非常严重，只能勉强看出其大体的手法。（图99-1）（关野贞 文）

图 99-1・驼山・第四龛第五龛间・磨崖造像

第五龛

位于驼山佛龛中最右边（对面看去为左边）。宽约五尺，中央后壁上刻着主尊释迦的坐像，左右壁上为胁侍菩萨立像。后壁主尊的左右上下两层可见四尊佛像分别置于各小龛内。右壁上有立佛一尊及三尊佛一龛，左壁上有大小五龛，总共十二尊佛菩萨像。虽然都没有造像铭，但从样式看，无疑是隋初的雕像。主尊姿势优雅，面相似乎也很温丽，但是损坏严重，很难看得清楚。其衣纹线条不似其他佛像那么简单，而是带有一些优美的皱褶，而且衣裾下垂并遮于座椅，亦显现出褶纹的优雅之处。左右两菩萨头部缺损，其他小佛也没有一个能够看清面部的，令人惋惜。当初龛前应该架有屋檐，现在岩壁还留有痕迹。（图 99-2）

（关野贞 文）

驼山石窑配置图·第五龛

第五龕

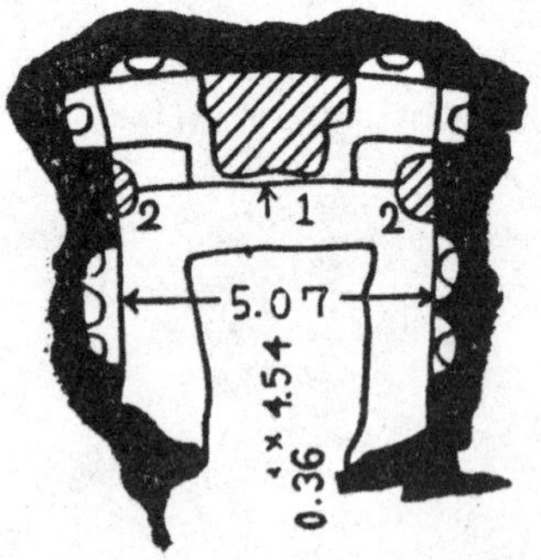

图 99-2 · 驼山 · 第五龛

金石保存所

青州金石保存所位于衙门东边，规模较小，只保存着十几块金石，主要有以下一些：

北魏正光六年（525）	张宝珠等造三尊石像
唐	五尊石像
南北朝末期	三尊石像
唐开元二十五年（737）	石炉
隋仁寿二年（602）	青州舍利塔之铭
金泰和四年（1204）	趺石
唐	五尊石像
元至元三十年（1293）	梵钟

张宝珠等造三尊石像

北魏正光六年（525）贾智渊妻张宝珠等造。主尊位于中央，立于莲座之上，面相衣纹充分显示了北魏式的特色，背后有头光和身光。头光内中央刻有莲花，外部数层同心圆的外缘带上刻有精美的忍冬唐草花纹，圆光外的舟形光内可见火光里的九化佛，顶刻蟠龙。此舟形光外又有更大的舟形光，其上半部可见十一个飞天，下部两旁有胁侍菩萨像，主尊与两胁侍菩萨之间有两个供养人物小像。胁侍菩萨像显示出纯然的北魏特有的形式，且悬挂玉佩，身居重重背光之中。

佛像下部对面右方阴刻有沙门四人，合掌端坐，其上部刻着四位信士的官职姓名，并附有“侍佛时”几个字。后面又用很细的文字刻着“敬造释迦牟尼佛一区”。最后为造像铭，内容如下：

大魏正光六年岁次乙巳月乙亥朔十九日癸巳，清信士佛弟子贾智渊妻张宝珠等，并为七世父母。历劫诸师，兄弟姐妹，所亲眷属，香火同邑，常与佛会。愿令一切众生，普同斯福。愿弟子等，生生世世，值佛闻法，永离众苦，乃至成佛，心无退转。

此造像石的背面分上下十三层，每层刻有十四躯小佛，都刻着供养者的名字。侧面也刻有小佛各七躯，左（对面看为右）侧下方已经破损，少了一躯。

此造像石规模颇大，精美华丽，呈现出最正宗的北魏样式，完全没有中印度笈多的形迹，为北魏时代此类造像中的杰作之一。（常盘大定 文）

图 100 · 金石保存所 · 北魏张宝珠等造三尊石像

趺石

方台之上刻有一狮，狮子背部驮着似塔基之物。该物周围刻有栏楯，用来放置文殊或香炉，已无从判断。手法及样式并无特别之处，但由于有“金泰和四年（1204）”铭，在金代文物已经很少的今天，这可谓是研究金代风俗的绝好资料。（常盘大定 文）

图 101-1·金石保存所·金趺石

铜钟

此钟在唐代手法上稍有变化，外形头部呈穹状稍高，从肩部到口缘逐渐变宽，中间有凹曲线。唐代以来，袈裟形斜格纹趋向简洁，钟口的纹带上有八卦图案，肩部和中部纹带的上下区间内各有十二个横向排列着的凸点，这种手法非常少见。上部区间内阳刻龙形，龙头好比石碑的蛟龙头，两龙相背，口衔钟头，尾部举起并相盘结，颇为雄伟。上有“大元至元三十年（1293）岁次癸巳夏四月日”的年代铭，应是一座来自元代且有代表性的遗钟。（常盘大定 文）

图 101-2・金石保存所・元铜钟

青州舍利塔下铭

此铭原存于青州城南广福寺，现存于金石保存所。隶书，孟弼书，仁寿元年（601）作。此碑为记隋文帝向三十州分送舍利一事而刻。同州也有一块同年同文的刻碑。文中所提逢山县胜福寺即是后来的益都县广福寺。文中祈愿：“六道三涂，人非人等，生生世世，值佛闻法，永离苦空，同升妙果。”佛教的精髓在碑中清晰可见。隋仁寿元年（601）至二年（602），本书中多处提到天下八十余州起舍利塔一事，但是铭文里只提到了此碑。(常盘大定 文)

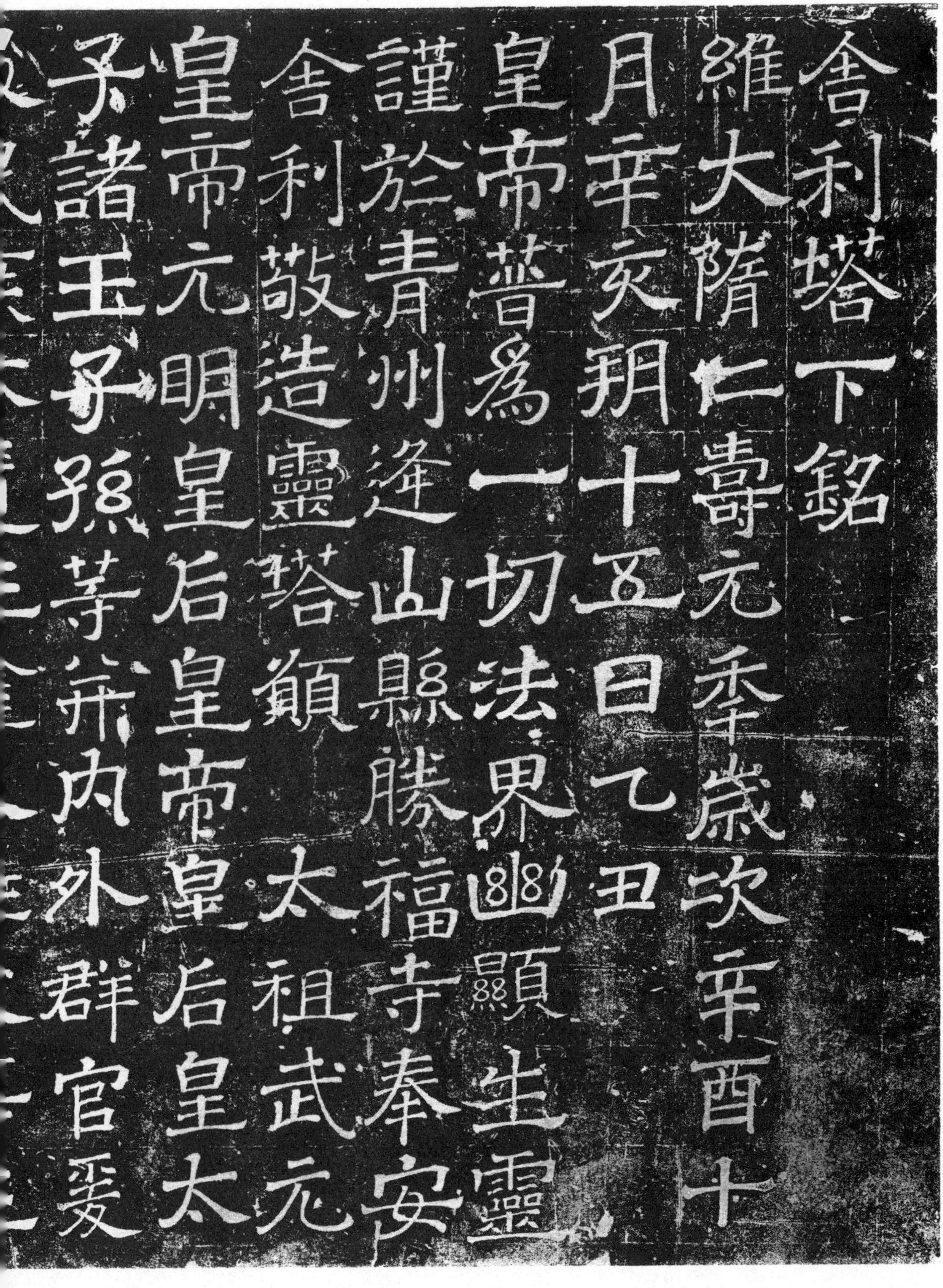

舍利塔下銘
維大隋仁壽元年歲次辛酉十
月辛亥朔十五日乙丑
皇帝普為一切法界幽顯生靈
謹於青州逢山縣勝福寺奉安
舍利敬造靈塔願太祖武元
皇帝元明皇后皇帝皇后皇太
子諸王子孫等並內外群官爰

图 116-3 · 青州舍利塔下铭 · 拓本

法庆寺

法庆寺位于青州（益都县）城外西北一里余处，为益都现今最大的寺庙。寺庙创建于清朝，寺中有很多碑石。据《益都金石记》（二）记载，本寺祖堂中有明教大师赐紫义楚述、宏正大师遗界记石幢，但现已不在。（常盘大定 文）

图102·法庆寺

图 103-1 · 法庆寺

玄帝观 | 龙兴寺钟

青州益都县城北门内玄帝观（俗称铎楼庙）的铎楼内有一座唐钟（图103-2）。其铭文开头写着“北海郡……钟铭”，末尾写着“龙兴寺钟铭”，因此可以推测此钟原属龙兴寺。关于此庙，《益都金石记》里有记载“城北门内西街真武庙，俗谓之铎楼”，但现在已经更名为“玄帝观”。钟自口底至肩口高四尺二寸七分，口径三尺一寸一分，翠色欲滴，叩声甚清越。序与铭共十四行，题名十行，可惜刻字都已经被磨掉，只剩下有金元时期的补刻。大概本属于佛寺的钟被移至道观的时候，旧有的刻字被抹掉又重新刻上了新的字了。据列名，可确知此钟为天宝初年所铸。幸好段松苓赤亭撰《益都金石记》卷一中保留了一些钟铭的内容，如下所示：

北海郡……钟铭　并序

益都县尉进……张辛□揆

开元……寺……

我……先禅机应道岂……之不建……修……

……感…………元范……门……巡……梧上……

图104-1·玄帝观·铎楼·龙兴寺钟

图104-2·玄帝观·铎楼·龙兴寺钟

六……宏化……道……韩无……心宏祖则□子嘉族厖人

陵□动实持诸之……寺……余以庚寅

娶铜……究……率指……铸钟……

太上之教其……妙……奇鸠匠一……氏之工夫为鲸形之

击独……既……飞乘……张其众善于成理郡守嘉其

感……教道……早……

载四……其词曰

…　……　……　……　……　……　…

送是悟……何起……

铭制……黄……妙声……远……

太子李力牧　长史郑山甫　长史李润

司马段诜　录事参军崔晏　司功参军李廸

前殿中侍御史行司户参军崔器

前长史县令行司户参军　泽

前监察御史行司士参军房休　司仓参军□

司田参军□义　司兵参军武冀　司户参军李□

司士参军郑□　参军窦□　参军□□　下市令□□

益都县令郑万　县丞李□　主薄张□

县尉□□　县尉李劝　县尉张岌

龙兴寺钟铭

（上为唐铭）

大元天历二年（1329）岁次己巳庚午月巳未日

益都路总管府建

皇帝万岁　臣宰千秋

佛日增辉　法轮常转

佛说大明神咒

唵牟尼钵诺铭哞

（上为元刻）

益都府僧□司大定十三年（1173）十二月　官造

（上为金刻）

《新唐书》“酷吏传”中可见列名中的崔器，天宝年间的《明经》里也有关于他的记载。关于樊泽，新旧《唐书》里都有他的传记，此人德宗年间仕朝廷，官至仆射。云门山投龙寺虽立于天宝十一年（752）。其中的姓名和此钟铭里的姓名相同的有：长史郑山甫、李润、司马段诜、录事参军崔晏。由此可知，此钟建于天宝初年，《益都金石记》里也记述得非常详细。

在作者实地调查所知范围内，这铜钟是唯一的一件唐代文物。西安府迎祥观里有唐景云二年（711）铸造的景龙观钟。作者关野贞于明治三十九年（1906）到西安府时，想参观一下它，可是官署的人坚决拒绝说，“钟楼平时都是关闭的，每年只打开一次，如果其他日子打开，就会招来灾祸。”结果没能做实地调查。因此，此钟也就成了研究唐制的重要标本。其样式与我国祖述唐制宁乐时代梵钟相同，有袈裟形斜纹图案、莲花形撞座。袈裟形斜纹图案细致苍劲，撞座的莲花中部很大，两龙相背，龙头处相连，两龙都是前脚张开，头部下伏衔钟顶部，非常雄伟壮观。（图 104-1、图 104-2、图 104-3）

图 103-2・玄帝观・铎楼

图 104-3 · 玄帝观 · 铎楼 · 龙兴寺钟

真武庙

真武庙位于青州城北门内西街上。唐钟就高高地悬挂在这座高楼上。庙门上写着“玄帝观”，非常气派，玄帝就是北极真武帝。钟楼榜“铎楼庙”，因为铎楼很有名，所以通称“铎楼庙”。铎楼的一角有十级台阶，很引人注目。一九二四年十一月三日，作者常盘大定到访此地时，庙前的田地间新设了一个戏台，庙内正忙于装修。

玄帝观内有很多石碑。其中有的和玄帝观有关，也有的和铎楼庙有关。道光二十年（1840）立的“重修铎楼庙提名碑”里这样写着：“古有铎楼庙，（中略）上有北极真武大殿，圣公圣母殿，三官大殿。”观前左右各有一碑，左碑阳刻有老子像及颂文，背面碑阴刻有重修真武庙的题名，曰“明嘉靖丙寅（1566）建”。右碑刻有七真人像和金莲正宗仙源圆赞，下方刻七真宗派图。所谓七真宗派就是：

南无丘祖师派　华山郝祖师派

随山刘祖师派　梳妆山王祖师派

牢山谭祖师派　溪山孙祖师派

天台山马祖师仙派　宾州高尚祖师仙派

每派各有四句七言的赞文。除高尚祖师外，其他七人，也就是丘、刘、谭、马、郝、王、孙为全真教七真人，因此此碑反映了全真教在当时盛行于北方时的情况。（常盘大定 文）

图 105-1 · 真武庙

范井

《青州府志》第二十四卷及《益都县志》第二卷中都有关于范公井亭的记载。在这里我们先看看《青州府志》里的记载，然后再看《益都县志》的记载。

《青州府志》中说范公井亭位于府城的西边，在范仲淹知青州有惠政阳溪侧，有醴泉涌出。公像、亭皆建于泉上。郡民感思范公，因而皆以范公命名。泉水四周环绕茂密古树，尘埃不染。欧阳文忠等文人墨客多有赋诗刻于石上。明末这里开始荒芜，几尽消失。清顺治七年（1650）知府夏一凤将其重建，并建造了富弼、欧阳修二公祠堂。康熙四十五年（1706）张连登、五十七年（1718）知府陶锦又对其进行了重修。陶锦还建造了后乐亭，有碑，道光二十年（1840）知府方用仪重修。

范纯仁文正公子诗：

胜槩因人得久保　此泉疏凿自先君
澄源不负当时意　清影犹涵昔日云
养正回当深涧下　朝宗应与众流分
今逢贤帅光陈迹　名逐新诗海内闻

《益都县志》第二卷里前半部分的记载，几乎和《青州府志》相同，后半部有所不同。此书中说范公井亭位于县西门外范仲淹知青州有惠政阳溪边，有醴泉涌出，公像、亭建于泉上。郡民感慕范公，皆视之为范公。明末祠宇倾废，顺治十七年（1660）知府夏一凤捐俸修亭，名曰“一片冰心亭”，左右二殿祭祀富、欧二公，合曰三贤堂。殿后高台筑亭三楹，题名后乐，岁时香火游观甚盛。

对照两篇记载可知两篇各有见解。关于顺治年间知府夏一凤重修一事，《青》说顺治七年（1650），《益》说顺治十七年（1660），大概十七年是正确的。关于夏一凤重修亭，《益》说名为“一片冰心亭”。关于左右富、欧二公祠，《益》说为“三贤堂”。《益》也没有记载修建后乐亭的年代和建者，而《青》记载为康熙五十七年（1718）知府陶锦重修，《青》还记载着道光二十年（1840）知府方用仪重修一事，并且还收录了范文正公的七言律诗。（常盘大定 文）

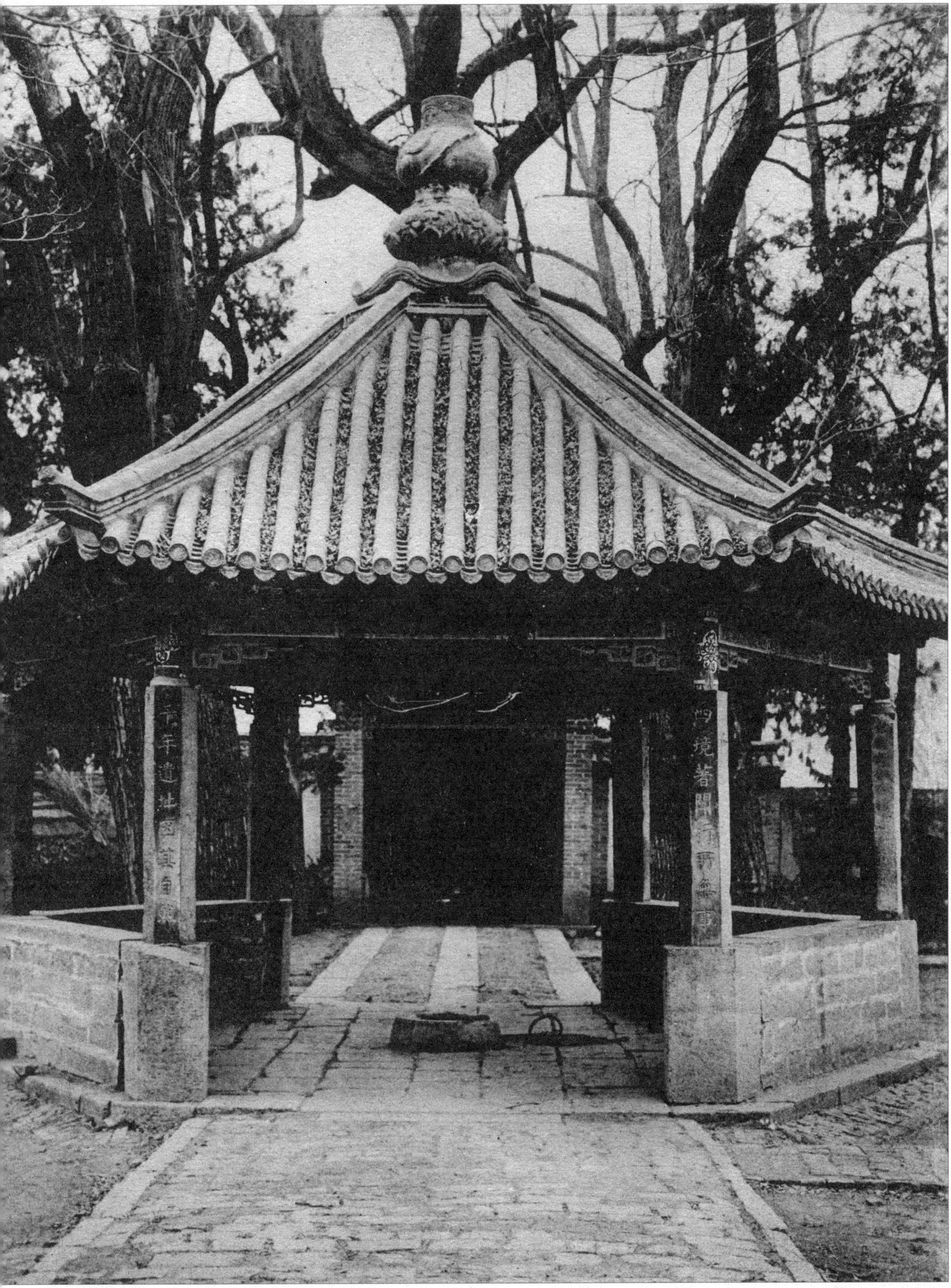

图 105-2 · 范井

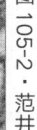

文昌宫 | 临淮王造像碑

此碑唐时立于青州今城西门内淘朱涧西的龙兴寺内。日本慈觉大师开成五年（840）曾驻锡寺内。《齐乘》引用龙兴寺碑阴金人刻文说本寺在宋元嘉二年（425）只被称为“佛堂”，北齐武平四年（573）得赐“南阳寺”匾额，隋开皇元年（581）改为“长乐”，又称“道藏”，则天天授二年（691）又改名为“大云”，玄宗开元十八年（应为二十六）（1694），才始称“龙兴寺”。

寺内有食客的鼓架，由此可见，龙兴寺的渊源可以追溯到刘宋时代，由此亦可知天授年间的大云、开元年间的龙兴，皆并非新建，而只是旧寺改变名称而已。刘宋年代北海太守刘善明在青州发生饥荒时，开仓献粮，赈济乡里。由于善明出家信佛，所以乡人把他的宅邸称为佛堂，后来善明将宅邸改建成了寺庙，这就是龙兴寺的起源。北齐武平四年（573）得赐“南阳寺”匾额，青州刺史临淮王娄定远于寺内立造像碑，即为临淮王造像碑，现存于今城外东北角文昌宫内。

石碑不知何时断裂，上部用铁束在一起，明时寺庙衰败，石碑被移到了城北弥陀寺里，但此寺不久后也衰败，且乾隆四十七年（1782）秋，遇大风雨，束铁脱落，石碑眼看要倾倒，于是又被移到了滚水桥文昌宫内，以砖围起，才免遭毁坏。（图 106-1）碑阴刻有四个大字“龙兴之寺”，唐李北海书。寺名改大云为龙兴之时，李邕正任北海太守。（图 106-2）

额首刻“司空公青州刺史临淮王像碑”，隶书，建于武平四年（573）。临淮王即娄昭次子定远，从此碑可知临淮王为热忱忠实的佛教捍卫者。

据碑文可知，临淮王娄公于正东的甲寺南阳寺造高三丈九尺无量寿像一尊，及观音、势至两胁侍像。文中又说“弥陀之愿仍起”，造弥陀三尊象征弥陀之愿，可知娄公的信仰在于念佛往生。碑高一丈，宽五尺，隶书，书法工整严谨，文笔流畅，蛟首极为雄劲。（图 107）（常盘大定 文）

图 106-1 · 文昌宫 · 青州刺史临淮王造像碑 · 正面

图 106-2・文昌宫・青州刺史临淮王造像碑・背面

图 107・文昌宫・青州刺史临淮王造像碑・拓本

山东淄川

ZICHUAN DISTRICT, ZIBO CITY OF SHANDONG PROVINCE

山东淄川

山东淄川为山东省青州附近的一个城镇，位于山东铁路张店站与博山站之间。唐代称为“淄州”，是有名的唯识宗慧沼的故乡，但是却没有什么资料能够证明此地是与慧沼有关的遗址，所以作者希望通过实地调查能有意外发现。一九二四年十月三十一日，作者常盘大定对此地进行了调查。《宋高僧传》第四卷“唐淄州慧沼传”里说，不知其何许人，又说他曾跟随玄奘、大乘基，恒窥壶奥、加以精博。译菩提流支《大宝积经》时，选充证义，后又于义净译场充证义，多处刊正。其戒范坚正，时称为沼阇梨。文中虽说其籍贯不详，但既然冠之以淄州，可见其讲经授教感化所及，一定也到达了淄州大地。

淄州古刹有城内的古开元寺即现普照寺以及唐代以前建造的龙兴寺，城外十七里处的宝塔寺即文教寺，二十里处有普安寺。其中普安寺里有一座沼法师塔，可以推测沼法师塔就是纪念慧沼的塔，但现在并无材料能够证明。虽然此行没有找到能够证明慧沼故址的材料，但是这次调查却在研究这一地区的古代佛教文化上收获较大。(常盘大定 文)

图109-2·普照寺(古开元寺)·石佛台座·座·刻样

普照寺

普照寺位于淄州城内东北角，据说原为唐代开元寺，相传有开元寺碑，但没有保存下来。据记载这里原来还有一座峻塔，但现已没有了。寺庙损毁严重，完全失去了当初的面目，只有殿内的石佛和殿庭上的经幢还在诉说着这座古刹的往日时光。

陀罗尼幢高约二丈，刻有隶书经文，文字已经磨损，很难辨认，特别是年号及书者名字部分更是难以判别。据村夫子说文为唐李北海书。除了幢身，其他地方都经过后人加工修补，其工艺拙劣，不值一看。(图108)

殿内石佛高二丈有余，为六朝遗刻，不过也经过后人加工，失去了原来的面目。只有台座还保留了当初的样子。从台座可以判断石佛为北齐所作。(图109-1)

台座的中部阳刻有飞天像，虽破损严重，但曲线苍劲雄健，同时可见天衣和莲座。四角刻出的石柱颇为奇异，上下刻有的忍冬图案，最为壮丽，其下面的圆形菱形宝饰也值得一看，特别是雄劲的隐起云气纹散发出南北朝时代的特色。(图109-2、图110)

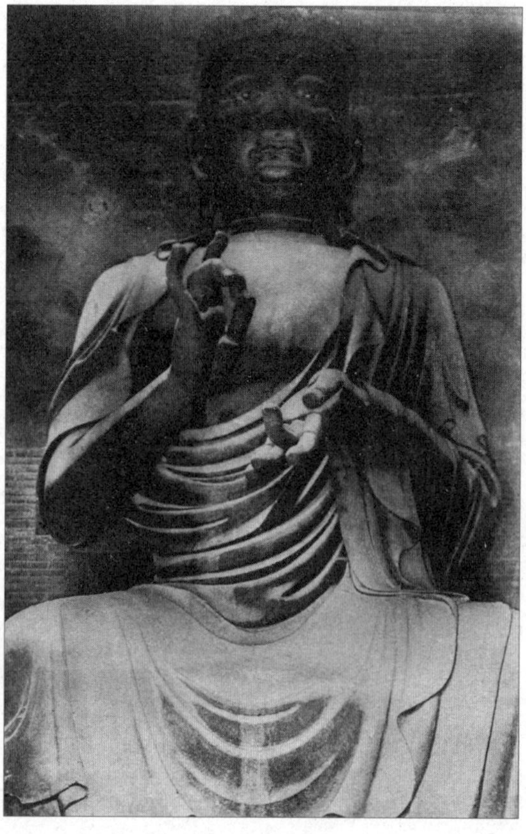

图109-1·普照寺(古开元寺)·石佛

图 108・普照寺(古开元寺)・陀罗尼幢

图 110・普照寺(古开元寺)・石佛一座

龙兴寺

龙兴寺位于淄州城内西南角。寺庙已经完全荒芜，只剩一座殿宇的废墟。大雄殿的三尊佛任凭风吹雨打，后方的一座小佛堂里有尼僧居住。石幢分别为寺庭两个、寺后一个、寺西一个，留下的数量竟达四个，可见龙兴寺是一座名刹。(图 111)

前庭两个经幢之中，西边的很完整，上刻“佛说观弥勒菩萨十住兜率天经”，大概为宋代所刻，形制颇为富丽。旁边有一块元碑，冠首已经掉落，横倒在旁边(图 112)。东边的石幢构造差于西幢，但是保留完整，值得一看，东幢大概建于金代。(图 113-1)

寺后只有一些幢柱横倒在地上，石幢的字体为夹杂着行体的正书，石质、文字颇佳，为唐代所做。《艺风堂金石目》第五卷记载“开元九年(721)正书，龙兴寺陀罗尼经幢”，大概就是指的这些经幢吧。西边稍远处苗圃间还有一个石幢，上刻有隶书经文，值得一看。(图 113-2)

图 111 · 龙兴寺

图112·龙兴寺·大殿前右方·宋幢及元碑

图113-1·龙兴寺·大殿前左方·石幢

图 113-2 · 龙兴寺 · 寺域外 · 石幢

宝塔寺

宝塔寺位于城北十五里的杨家塞、在距南定车站八里的孝妇河边，寺名为“文教”，因为寺内有七级砖塔，俗称“宝塔寺”。砖塔应该是清代建筑，里面安放的佛像拙劣。

寺内有一块朗公道行碑，元大德六年（1302）立，题刻朗公名“果朗、宣奥宣悟大师朗公僧录”，背面刻有宗派图及朗公的法叶。（常盘大定 文）

图 114-1 · 宝塔寺

普安寺 | 沼法师塔

普安寺位于淄川城外西二十里处。寺内有喇嘛塔，塔正面题刻："圆寂开山历代沼法师觉灵、大明景泰四年（1453）三月二十日重建"。塔前有一块"起经幢记碑"，文为"重建普安寺沼法师塔碑记"，同样为景泰四年（1453）三月二十日记。淄川即是唐代的淄州，所谓明代进行重建的开山法师也许就是唯识学者慧沼。虽说正面题字为"开山历代沼法师"，但并非真的就是为了记"开山历代沼法师"，这也许是在重建塔时，想在供养历代住持时增添些开山沼法师的佛气。《山东通志》里称它为"依沼法师塔"，慧沼原名慧玄，为避讳高祖玄奘的名字，改为慧沼，这样看来，依沼就是慧玄和慧沼的结合。作者常盘大定于一九二四年十三年十一月为寻求慧沼的遗址万里迢迢来此地，但在实地考查之后，除了这座塔以外什么资料也没有找到。

关于慧沼的来历，一直不明，能够多少解答这一难题的唯有收藏于日本法隆寺里、近期被指定为国宝的"唐故白马寺主翻译慧沼神塔碑"碑文了。碑文由唐代刺史李邕撰，此碑在法师圆寂七十五年（788）后，在日本延历七年秋被筱善珠寻得。中国早已丢失的这块碑文，被善珠找到并保存至今，真是不可思议，这也是学术界的一件幸事。此碑文的出现，解答了慧沼来历的疑问，可惜辗转传写的过程中，错误的记载逐渐增多，多处意思不通。根据此碑可知法师的一生经历大致如下：

和尚讳玄，字慧沼，原彭城人，曾祖为秦隋青州北海县令，因此居于淄川，十二岁时，欲出家，正值睿宗降诞，高宗祈福度僧，得入佛门，时年十五岁。二十岁，讲《法华》《般若》《涅槃》等诸经，二十二岁咸亨三年（672）入长安，师从基光二师，并得号"山东一遍照"，进而研究《无垢称》《金刚般若》《瑜伽》《杂集》《唯识》《因明》《俱舍》等，得见道义、道章二师。二师赞曰：法门后进唯有此人，授名慧照，当时其人在河南。其后二十余年间，行化诸郡，遍讲群经，撰写《能断般若》《金光明》《盂兰盆》《温室》等经书，及《慧日论》《了义灯》等共六十卷。翻译经书三百余轴。一日入内，坐夏九旬，受圣躬迎候之礼遇，开元二年（714）得敕许，回河南，受赐号"白马寺主"，又受敕命讲《涅槃》，时年六十五岁，同年圆寂。

考虑到碑文有不通顺之处，慧沼应该在淄川奠定了学问，到长安后，入博学领域，一生居河南时间最长，白马寺是中国佛教的根本道场，慧沼就被授予"白马寺主"的荣位。著作《慧日论》《了义灯》等为世人所知。而在二十多年各地行化期间，慧沼应该也在故乡淄川住过，关于这一点还有待今后继续研究。

慧沼著有《能显中遗慧日论》四卷，打破了法宝的"一城佛性究竟论"，宣扬了三乘五性的宗义。著作开头写着"淄州大云寺苾刍慧沼撰"，由此可以了解唯识学者慧沼有关佛性的教义，同时也可以知道当时他住在淄州大云寺。这样一来，问题就会涉及唐代的大云寺。如果普安寺就是大云寺的话，那就什么疑问都没有了。另，青州云门山的石壁上刻有"大云寺"，不太远处的青州大云寺也应该在考虑之中。（常盘大定 文）

图 114-2・普安寺・沼法师塔

马鸣寺 | 魏故根法师碑

此碑位于山东乐安县，碑上文字已经磨损，无法阅读。只能通过意思还通顺的几处去了解以下的事实和根法师的来历。

法师讲经，仰慕之人，自四面八方云集而来，聚众之多，罗什、僧朗公也不能与之相比。他钻研义学，修禅念道，终生不辍。割宝营福，抽珎裁餝，直比妙罕祇洹。春秋五十五年正光四年（523）圆寂于寺内，葬于含霞山阴。

由此碑可知，根法师有培育众多学徒之学德；并

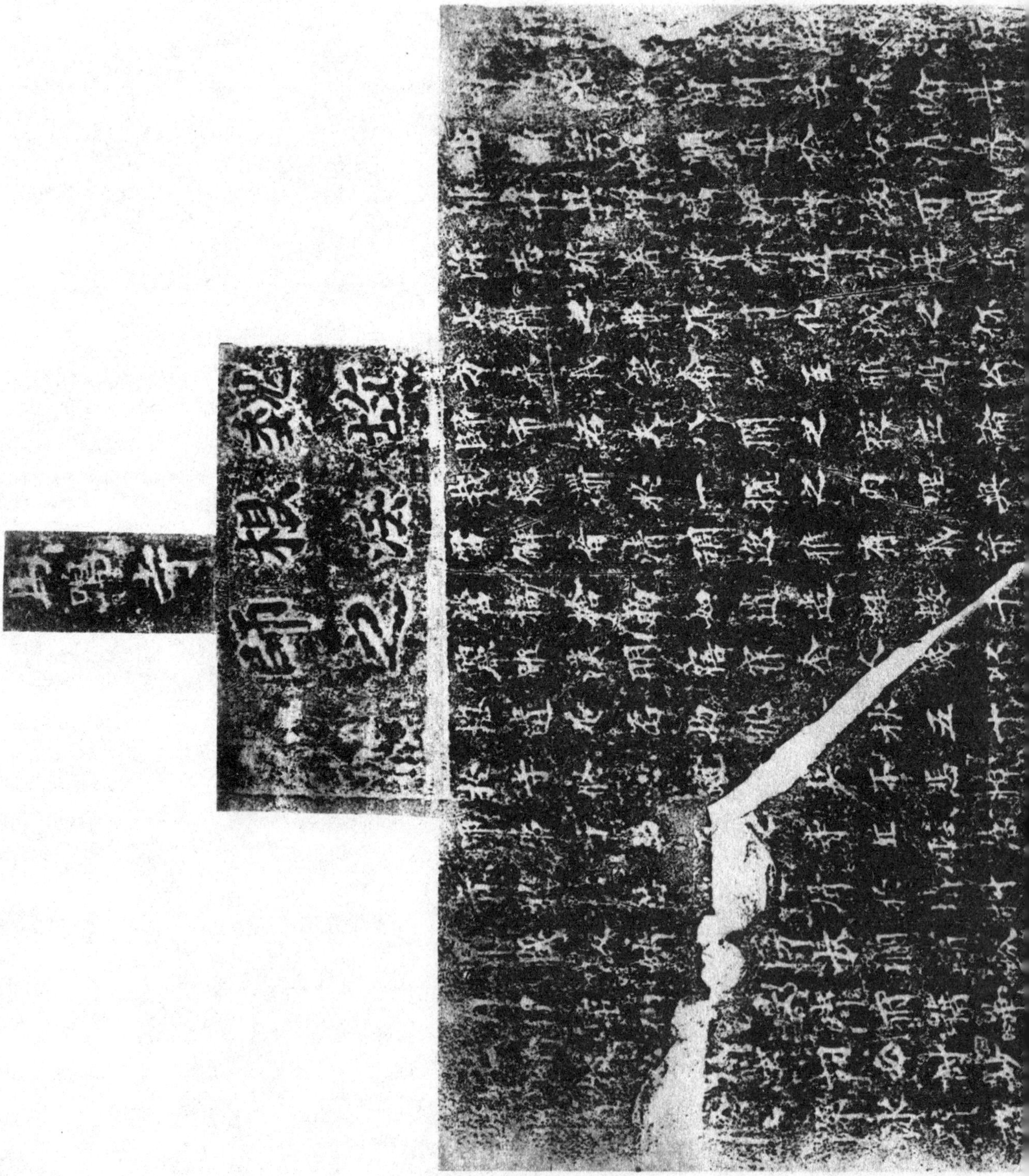

知与祇园齐名、值得一看的马鸣寺的创建一事。此碑最引人注目的是“马鸣寺”这个名字。正光四年（523）是最初传译世亲佛教的勒那菩提来到菩提分支洛阳后的第十五年。《十地经论》是二人来洛阳三年后传译的，八年后又传译了《摄大乘论》，二十三年后的中大同元年（546）传译真谛三藏，来后七年又翻译《大乘起信论》，佛教界开始传颂马鸣的名字是在《大乘起信论》之后，但是马鸣的寺号在《大乘起信论》传译之前至少三十年前就已经有了，这是研究马鸣思想不可忽视的一点。一定是佛陀扇多、菩提流支将马鸣作为伟大的论师传扬开去。（常盘大定 文）

图115・马鸣寺・魏故根法师碑・拓本

灵山寺 | 魏光州灵山寺塔下铭

从文中可知，太和元年（477）王茂春、刘虎子、诸葛洪、方山等二百人敬建灵塔，以祈“六通三达，阖家眷属，慧悟法界，永脱苦海，光泽群生，咸同斯庆”。至于光州灵山寺是怎样的寺院，此塔为什么类型的佛塔，就不得而知了。魏光州即现今山东莱州。

至隋代，仁寿元年（601）天下三十州同时起舍利塔，第二年又在五十一州起舍利塔，莱州也应在其列，但寺名不得而知。（常盘大定 文）

图116-1·魏光州灵山寺塔下铭·拓本

图 116-2 · 魏光州灵山寺塔下铭 · 拓本

译后记

本书为作者常盘大定与关野贞实地考察山东长清、历城、青州、淄川等地寺庙后所撰。本书最大特点就是作者对所考察寺庙中的每一座建筑、碑刻等等都有非常细致的描写，并且对每一座寺庙的历史也都有非常详尽的叙述，处处显示了作者在中国寺庙文化方面拥有丰厚渊博的知识。这是译者在翻译过程中最大的感受。

比如在“灵岩寺”一篇中，作者首先叙述了灵岩寺自建庙以来的兴衰史，使读者对灵岩寺的历史有了一个大概的认识，之后描述主庙千佛殿的历史及建筑风格，特别是对石柱上的雕刻都有详细的记述。“辟支塔”中，在详细说明了塔的外部形状的同时，对塔上每一部分都进行了细致描述，比如，在第四层的墙壁上刻有一块小碑，碑上刻有庆历的年号，第一层墙面上刻有三块布施者列名石，塔外八面列名石上刻有狮子、兔子等图案。这些记载对了解当时的寺庙状况无疑都是非常珍贵的材料。

在翻译此书的过程中，译者印象最深刻的就是作者对大量碑刻的记载，比如在灵岩寺中有图片并加以详细解释的就有“灵岩寺碑”“龙藏之记碑”“田园记碑”“大元国师法旨碑”“十方灵岩寺碑”“息菴禅师道行碑”“肃公禅师道行碑”等碑刻。作者对每一块碑的位置、形状、相关文献、撰文行书者等都有记载。在“灵岩寺碑”中，提到灵岩寺碑位于辟支塔南面的鲁班洞内。额题《灵岩寺碑颂并序》《泰山志》里有关于此碑的记载等。特别是对碑文的介绍可以让我们了解当时的一些社会现象，比如从《田园碑记》的碑文中，可以获知寺庙土地被人侵占，为收复失地寺庙住持做出了不懈努力。

另外作者还收集了大量诗刻拓本，并对诗刻内容加以说明，比如“灵岩寺”中的“盛陶诗刻”“苏子由题灵岩寺诗刻”“苏东坡诗刻”“蔡卞诗刻”等，每块诗刻都描述了刻偈的大小、内容。在“蔡卞诗刻”中对诗刻的历史背景进行了详细介绍。仅灵岩寺部分即有图片十七张。

在历城县，作者实地考察了神通寺以及寺中的朗公塔、四门塔，并对寺庙附近的千佛崖按照布局分为几区做了详细描述。比如第一区位于千佛崖的最北端，内有一丈六尺坐佛，并对佛像面部手法、着衣特点都有描述。此部分图片共有七张之多。

译者在翻译过程中，遇到最大的困难就是对寺庙建筑上的描述。本书在对寺庙的构造上使用了大量的建筑术语，为此译者查阅了大量寺庙书籍，除了了解当今书籍对现存寺庙的解释，还同时学习了对寺庙建筑的专业描述，力求翻译的精准。

另外本书中还有不少有关人物像刻的图片及解说，在此类内容的翻译过程中，译者在尊重原著的基础上，大量阅读有关人物的记载，比如“陈希夷像刻”“马丹阳像刻”“大云寺主僧守忠传碑”等，译者首先在自我充实相关知识的基础上进行翻译，这样对原文的理解会更加透彻，从而达到译文的准确。

本书在翻译过程中得到中日两国友人的大力协助，在此表示感谢！也非常感谢家人的大力支持及配合！

刘红